KB175771

임동석중국사상100

삼 략

三 略

黃石公 撰 / 林東錫 譯註

장 량

"상아, 물소 뿔, 진주, 옥. 진괴한 이런 물건들은 사람의 이목은 즐겁게 하지만 쓰임에는 적절하지 않다. 그런가 하면 금석이나 초목, 실, 삼베, 오곡, 육재는 쓰임에는 적절하나 이를 사용하면 닳아지고 취하면 고갈된다. 그렇다면 사람의 이목을 즐겁게 하면서 이를 사용하기에도 적절하며, 써도 닳지 아니하고 취하여도 고갈되지 않고, 똑똑한 자나 불초한 자라도 그를 통해 얻는 바가 각기 그 자신의 재능에 따라주고, 어진 사람이나 지혜로운 사람이나 그를 통해 보는 바가 각기 그 자신의 분수에 따라주되 무엇이든지 구하여 얻지 못할 것이 없는 것은 오직 책뿐이로다!"

《소동파전집》(34) 〈이씨산방장서기〉에서 구당(丘堂) 여원구(呂元九) 선생의 글씨

책 머 리 에

젊을 때《사기》유후 장량에 대해 읽으며 이상한 노인에게 받은 병법서가 무엇이기에 그것을 읽고 천하의 뛰어난 인물이 되었을까 궁금히 여긴 적이 있다. 정확하지는 않지만 그 책이 바로 이《삼략》이라 알려져 내려오고 있으니 이제 그 문제는 해결된 셈이다. 그러나 이 책은 분량도 매우 적을 뿐 아니라 내용도 병법보다는 오히려 치국안민의 도가 주제였다. 오히려 부담스럽지 않고 문장도 다른 병법서에 비해 순통하였다.

읽는 곳마다 용인술과 처세술이 지금 이 시대에도 응용할 수 있으며, 천고를 두고 명언이요 생각을 자아내는 내용과 고사가 와 닿는다.

"군대가 주둔 자리를 정하고 우물을 아직 다 파지 않았을 때 장수는 목마르다는 말을 해서는 안 되며, 군대 막사가 아직 다 마련되지 않았을 때라면 장수는 피곤하다는 말을 해서는 안 되며, 군대 아궁이에 아직 밥을 다 짓지 않았을 때라면 장수로서 배고프다는 말을 해서는 안 된다. 이것이 바로 장수가 갖추어야 할 덕목이다."

"의사義士로 하여금 재물에 관심을 갖지 않도록 하라. 의로운 사람이 어질지 못한 일로 인해서 죽음으로 가도록 몰아서는 안 되며, 지혜로운 자에게 혼암한 군주를 위해서 모책을 세우는 일에 쓰이도록 해서는 안 된다."

"향내나는 미끼 아래에 틀림없이 물고기가 걸려들게 마련이며, 중한 상 아래에는 틀림없이 죽음을 무릅쓴 사나이가 있게 마련이다."

"지혜를 부리게 하며, 용기를 가지게 하며, 탐욕을 부리게 하며, 어리석음을 부리게 하라. 지혜라는 것은 그 공을 세우기를 즐거워하고, 용기란 그 뜻을 실행해 보기를 좋아하며, 탐욕이란 그 이익을 쫓아 내달리게 하며, 어리석음이란 그 죽음을 돌아보지 않게 한다. 그 지극한 본성을 바탕으로 이를 이용하는 것, 이것이 군대에서의 미묘한 권형權衡이다."

"어진 이에게 녹을 줄 때 재물을 아까워하지 말고, 공 있는 자에게 상을 내릴 때는 그 때를 놓치지 말라."

"세금과 부역이 과중하고 잦으면, 백성으로서 형벌에 걸려드는 자가 끝없이 늘어나게 된다. 이렇게 되면 백성들은 서로 포악하여 못된 짓을 저지르게 된다. 이를 일러 망할 나라라 한다."

"뛰어난 군주는 음악을 중시하느니, 소위 음악이란 금석사죽金石絲竹을 가리키는 것이 아니다. 사람이 그 자신의 집을 즐겁게 여기고, 그 가족을 즐겁게 여기며, 그 생업을 즐겁게 여기고, 자신이 사는 그 도읍을 즐겁게 여기며, 그들이 살고 있는 나라의 정치와 법령을 즐겁게 여기고, 그들이 지키는 도덕을 즐겁게 여김을 말한다. 이렇게 되고 나면 임금이 음악을 지어 이를 절조에 맞추어 그 화합을 놓치지 않는 것이다."

"자신만 안전하면 그만이라고 악을 보고도 나서지 않는 것은 사람과 물건을 살상하는 짓이다."

"그러나 모든 것은 도에 두어야 하느니, 무릇 사람이 도에 근거를 두어야 함은 물고기가 물에 있어야 하는 것과 같아 물을 얻으면 살 것이요 물을 잃으면 죽을 것이다."

　"무릇 높이 나는 사냥감 새가 사라지면 좋은 활은 창고로 들어가는 법이며, 적국이 멸망하고 나면 모책을 만들던 신하는 사라져야 한다.
　이리하여 대신 공을 세운 자에게 봉지를 주어 신하로서 최고의 직위에 앉혀 주며, 가장 좋은 땅을 봉지로 주고 진귀한 물건을 주어 보상한다.
　무릇 사람이란 일단 한 번 모은 다음에는 쉽게 해산시킬 수 없고, 위엄과 권세란 일단 한 번 주고 나면 쉽게 이를 되찾을 수 없다. 군사를 소환하고 그 군대를 해산시킬 때가 바로 존망의 중요한 시점이다. 그러므로 이를 약화시키되 지위를 주는 것으로써 하고, 이를 빼앗되 제후국으로 봉하는 방법으로 하는 것이다. 이것이 패자霸者의 책략인 것이다. 이 때문에 그 행동이 순수하지 못하다고 논란을 일으킨다. 그러나 신하로서는 이를 통해 이미 세운 공을 온전히 하며 자신의 몸을 보호하는 것이니 서로가 좋은 것이 아닌가?"

　이러한 내용들은 바로 병가의 깊은 책략이면서 사람을 움직이는 원리이다. 그런가 하면 교활한 고사도 있으니, 옛날 어떤 장수는 원정길에 어떤 이가 좋은 술을 가져다 위로하자 이를 강물 상류에 쏟아 부어 사졸들과 하류에서 함께 그 물을 마셨다. 사졸들은 이를 통해 죽음을 무릅쓰고 전투에 나섰다는 것이다.

무릇 이러한 용인술은 지금 똑같이 실행할 수는 없지만 그 원리는 한 가지가 아니겠는가?

내가 장수라면 한 동이 술을 상류에 부어 버릴 수 있는 꾀가 있어야 하며, 내가 사졸이라면 그 술맛을 흉내낸 강물을 인정하고 따라 줄 필요가 있다. 속으로 불만과 비아냥만이 전부는 아니다. 이 시대 함께 살며 부딪치고 있는 옆 사람이 바로 경쟁자이지만, 동시에 아군이요 우군이기 때문이다.

무경칠서武經七書의 하나인 이《삼략》은 그런 의미에서 한번 읽어 볼 만하다.

특히 우리나라에서도 이 책은 널리 읽혀 현토무경懸吐武經《육도六韜·삼략三略·손무자직해孫武子直解》가 원문현토의 합본으로 1928년에 이미 출간된 적이 있고, 그밖에 '비서삼종秘書三種'이라 하여《소서素書》(黃石公),《심서心書》(諸葛亮),《음부경陰符經》(黃帝)도 원문현토본이 나와 있어 전대는 물론 현대 사람들도 익히 들어 보고 읽어 온 책이다.

따라서 이 험한 세상, 전쟁터와 같다고 여기는 지금 이 시대, 이 세태에 우리는 어떻게 대처할까 하는 답이 그래도 어디엔가 들어 있을 것이라는 기대를 해도 좋다.

임동석林東錫 적음

일러두기

1. 이 책은 사고전서四庫全書 문연각본文淵閣本《황석공삼략黃石公三略》과 《삼략직해三略直解》(明, 劉寅) 및 〈중국전통병법대전中國傳統兵法大全〉의 《삼략三略》과 〈백자전서百子全書〉본 《삼략》 등의 원문을 중심으로 하여 전문을 역주한 것이다.

2. 특히 우리나라에서 출간된 '현토무경懸吐武經'(武經七書)《육도六韜·삼략 三略·손무자직해孫武子直解》(世昌書館, 1970년 25판)는 아주 유용한 자료로 활용하였다.

3. 한편 현대 백화본 자료《신역삼략독본新譯三略讀本》(傅傑 三民書局 2002 臺北)과 《황석공삼략금주금역黃石公三略今註今譯》(魏汝霖 臺灣商務印書館 1993 臺北)을 충분히 이용하였으며, 많은 도움을 받았음을 밝힌다.

4. 역자 임의로 구절을 나누어 편장 번호와 괄호 안에 다시 구절 번호를 제시하였다.

5. 원문은 현대 중국의 표점 부호를 사용하였다.

6. 해석은 직역을 위주로 하되 일부 의역을 가한 부분도 있다.

7. 매 단락의 제목은 주제에 맞추어 임의로 부여한 것이다.

8. 부록으로《삼략三略》서序와《사기史記》유후세가留侯世家,《태공병법太公 兵法》일문逸文, 그리고 황석공黃石公《소서素書》를 수록하여 연구에 도움이 되도록 하였다.

9. 이 책의 역주에 참고한 초보적인 자료는 다음과 같다.

❋ 참고문헌

① 《三略》〈中國傳統兵法大全〉

② 《黃石公三略》秦 黃石公(撰), 〈四庫全書〉兵家類.

③ 《三略直解》明 劉寅(撰), 〈四庫全書〉兵家類.

④ 《黃石公素書》秦 黃石公(撰), 宋 張商英(註), 〈四庫全書〉兵家類.

⑤ 《黃石公素書》秦 黃石公(撰), 宋 張商英(註), 〈百子全書〉兵家類.

⑥ 懸吐武經(武經七書) 《三略直解》劉寅(解), 世昌書館, 1970. 서울.

⑦ 懸吐武經(武經七書) 《六韜直解》世昌書館, 1970. 서울.

⑧ 懸吐武經(武經七書) 《孫武子直解》世昌書館, 1970. 서울.

⑨ 秘書三種 《素書》(黃石公) 世昌書館, 1970. 서울.

⑩ 秘書三種 《陰符經》(黃帝) 世昌書館, 1970. 서울.

⑪ 秘書三種 《心書》(諸葛亮) 世昌書館, 1970. 서울.

⑫ 《新譯三略讀本》傅傑, 三民書局, 2002. 臺北.

⑬ 《黃石公三略今註今譯》魏汝霖, 臺灣商務印書館, 1993. 臺北.

⑭ 《新譯孫子讀本》吳仁傑, 三民書局, 2004. 臺北.

⑮ 《孫子今註今譯》魏汝霖, 臺灣商務印書館, 1981. 臺北.

⑯ 《孫子全譯》周亨祥, 貴州人民出版社, 1992. 貴州 貴陽.

⑰ 《新譯吳子讀本》王雲路, 三民書局, 1966. 臺北.

⑱ 《吳子今註今譯》傅紹傑, 臺灣商務印書館, 1981. 臺北.

⑲ 《新譯司馬法》王雲路, 三民書局, 1996. 臺北.

⑳ 《司馬法今註今譯》劉仲平, 臺灣商務印書館, 1977. 臺北.

㉑ 《新譯尉繚子》張金泉, 三民書局, 1996. 臺北.

㉒ 《尉繚子今註今譯》劉仲平, 臺灣商務印書館, 1977. 臺北.

㉓ 《尉繚子全譯》劉春生, 貴州人民出版社, 1993. 貴州 貴陽.

㉔ 《新譯六韜讀本》鄔錫非, 三民書局, 2003. 臺北.

㉕ 《太公六韜今註今譯》(徐培根), 臺灣商務印書館, 2000. 臺北.

㉖ 《新譯李衛公問對》鄔錫非, 三民書局, 1996. 臺北.

㉗ 《唐太宗李衛公問對今註今譯》(曾振), 臺灣商務印書館, 1996. 臺北.

㉘ 《武經總要》宋, 曾公亮·丁度(敕撰), 四庫全書 子部 兵家類.

㉙ 《三才圖會》明, 王圻·王思義(編集), 上海古籍出版社 印本, 2005. 上海.

㉚ 기타 공구서工具書 및 〈이십오사二十五史〉, 〈십삼경十三經〉 등은 생략함.

해 제

《삼략》은《황석공기》혹은《황석공삼략》이라고도 하며 '무경칠서武經七書'의 하나이다. 흔히《육도》와 함께《육도삼략》이라고도 칭해지며 이는 세 가지 책략이라는 뜻과, 여섯 가지 도韜를 묶어서 일컫기에 입에 익어서일 것이다.

《삼략》은 전체를〈상략〉,〈중략〉,〈하략〉으로 나누어 그 이름이 지어진 것이며, 원문이 겨우 3,800여 자에 불과하다. 옛 기록에는 모두 '황석공黃石公 찬撰'으로 되어 있으나 실제 역사상 구체적으로 생존했던 인물로 보기는 어렵고 아마 유방劉邦을 도와 한漢 제국을 건설한 유후留侯 장량(張良, 字는 子房)의 고사를 근거로 지었을 가능성이 있다.

우선《사기》유후(장량)의 고사를 살펴보자.

유후 장량은 그 선조가 한韓나라 사람이다. 그 할아버지 장개지張開地는 한나라 소후, 선혜왕, 양애왕을 도운 재상이었으며, 아버지 장평張平은 리왕, 도혜왕을 섬겼다. 도혜왕 23년, 아버지 장평이 죽고 마침 장량이 20세 때 진秦나라는 한나라를 멸망시키고 말았다. 장량은 어린 나이여서 아직 벼슬은 하지 않았지만 한나라가 망하자 가동家僮 3백 명을 거느리고 아우의 장례도 치르지 못한 채 가재를 다 털어 한나라의 원수를 갚기 위해 진시황을 죽일 자객을 찾고자 하였다. 이는 할아버지와 아버지가 5세世에 걸쳐 한나라 재상을 지냈기 때문이었다.

장량은 일찍이 예학禮學을 공부하려 회양에 간 적이 있었는데, 그곳에서 창해군을 만나 비로소 역사力士를 얻었으며 120근 무게의 철추鐵椎를 구하였다. 진시황이 동쪽을 유람할 때 장량은 그 객과 함께 박랑사博浪沙에서 진시황을 저격하였지만 잘못 던져 그 수행원의 수레에 맞고 말았다. 진시황은 크게 노하여 천하에 도적을 수색하였는데, 이는 장량을 찾기 위한 것이었다. 장량은 이에 성명을 바꾸고 하비下邳로 숨어들었다.

장량은 어느 날 한가하게 조용히 하비의 이교(圯橋, 하비에 있는 다리 이름) 위를 걷고 있었다. 그때 어떤 갈옷 잎은 노인이 장량에게 다가오더니 곧바로 신을 벗어 다리 아래로 내던지며 장량을 돌아보고 말하였다.

"어린애야, 내려가 신을 주워 오너라!"

장량은 어이가 없어 그 노인을 구타하려 하다가 늙은이의 행동이라 억지로 참고 내려가 신을 주워 올렸다. 그러자 노인은 다시 "나에게 신을 신겨라!"라고 명하는 것이었다. 장량은 이미 신을 주워 온 터라 할 수 없이 무릎을 꿇고 신을 신겨 주었다. 노인은 신을 신고는 웃으면서 떠나 버렸다.

장량은 이상히 여기면서도 크게 놀라 노인이 가는 길을 지켜보았다. 노인은 한 마장쯤 가더니 다시 돌아와 이렇게 말하는 것이었다.

"가히 가르칠 만한 어린 녀석이로구나. 닷새 뒤에 날이 새거든 여기에서 나와 만나자."

장량은 괴이하게 생각하면서도 어쩔 수 없이 꿇어앉아 "좋습니다"라 하였다. 닷새 뒤 날이 밝자 장량은 그곳에 가 보았다. 노인은 이미 와 있었으며 화를 내면서 "노인과 약속해 놓고 늦다니 어찌된 일이냐?"라고 꾸짖고서 떠나면서 "다시 닷새 뒤에 일찍 오너라"라는 것이었다. 닷새 뒤 장량은 닭이 울 때 그곳을 찾아갔다. 그러자 이번에도 노인이 먼저 와 있다가 다시 노하여 "늦다니 어찌 된 일이냐?"라면서 "다시 닷새 뒤에 더 일찍 오너라"라는 것이었다. 닷새 뒤 장량은 한밤중에 찾아갔다. 잠시 후 노인이 나타나 즐거운 표정으로 "마땅히 이와 같아야 하느니라"라고 하고서 책 하나를 꺼내어 주면서 이렇게 말하는 것이었다.

"이 책을 읽으면 왕 될 자의 스승이 되리라. 10년 후에 일어설 것이다. 13년 뒤에 너를 제북濟北에서 보게 될 것이다. 곡성산穀城山 아래의 누런 돌이 바로 나다." 그러고는 떠나면서 다른 말은 없었으며 더 이상 만나볼 수도 없었다. 날이 밝아 그 책을 들여다보았더니 바로 《태공병법太公兵法》이었다. 장량은 기이하게 생각하고 늘 이 책을 읽고 외우며 익혔다.

留侯張良者, 其先韓人也. 大父開地, 相韓昭侯·宣惠王·襄哀王. 父平, 相釐王·悼惠王. 悼惠王二十三年, 平卒. 卒二十歲, 秦滅韓. 良年少, 未宦事韓. 韓破, 良家僮三百人, 弟死不葬, 悉以家財求客刺秦王, 爲韓報仇, 以大父·父五世相韓故.

良嘗學禮淮陽. 東見倉海君. 得力士, 爲鐵椎重百二十斤. 秦皇帝東游, 良與客狙擊秦皇帝博浪沙中, 誤中副車. 秦皇帝大怒, 大索天下, 求賊甚急, 爲張良故也. 良乃更名姓, 亡匿下邳.

良嘗閒從容步游下邳圯上, 有一老父, 衣褐, 至良所, 直墮其履圯下, 顧謂良曰: 「孺子, 下取履!」良鄂然, 欲毆之. 爲其老, 彊忍, 下取履. 父曰: 「履我!」良業爲取履, 因長跪履之. 父以足受, 笑而去. 良殊大驚, 隨目之. 父去里所, 復還, 曰: 「孺子可教矣. 後五日平明, 與我會此.」良因怪之, 跪曰: 「諾.」五日平明, 良往. 父已先在, 怒曰: 「與老人期, 後, 何也?」去, 曰: 「後五日早會.」五日雞鳴, 良往. 父又先在, 復怒曰: 「後, 何也?」去, 曰: 「後五日復早來.」五日, 良夜未半往. 有頃, 父亦來, 喜曰: 「當如是.」出一編書, 曰: 「讀此則爲王者師矣. 後十年興. 十三年孺子見我濟北, 穀城山下黃石卽我矣.」遂去, 無他言, 不復見. 旦日視其書, 乃太公兵法也. 良因異之, 常習誦讀之.

    이상의 이야기는 《한서漢書》 장량전張良傳에도 실려 있으며, 앞부분 일부는 《설원說苑》 복은편復恩篇에도 실려 있다.

    내용을 들여다보면 그 노인은 누런 바위黃石가 사람으로 변모하여 장량에게 천하의 홍세를 일러 주기 위하여 인내심을 확인한 다음 전해 준 병법서가 바로 《태공병법》이라는 것이다. 그러나 전설상 태공太公(呂尙, 呂望, 姜子牙)의 병법서는 《태공太公》이라는 이름으로 《한서》 예문지에 실려 있다. 그런데 장량이 받은 이 책 이름은 다시 《삼략》으로 이름이 지어졌으며, 내용도 전혀 다른 것인지에 대한 것은 아직 밝혀지지 않고 있다. 이 고사를 직접 채록한 사마천司馬遷조차도 "學者多言無鬼神, 然言有物. 至如留侯所見老父予書, 亦可怪矣"라 하여 의심을 나타냈다. 이처럼 비록 장량이 받은 책이 《태공병법》이라 해도 그것이 바로 이 《삼략》은 아니었을 것임은 분명하다.

    비록 마단림馬端臨이 《문헌통고文獻通考》 경적고經籍考에 진덕수眞德秀의 《삼략》에 대한 평을 인용하여 "子房號稱善用兵, 然最所得者, 不過 '與物推移, 變化無方, 因敵轉化, 動而輒隨' 數語耳. 以此推之, 則今傳於世者, 子房所受書也"라 하였지만 이는 믿을 만한 것이 되지 못한다. 그리고 《한서》 예문지에 그 많은 병법서가 기록되어 있지만 이 《삼략》은 실려 있지 않다. 다만 《수서》 경적지에 처음 저록되기 시작하였다. 그렇지만 이미 《황석공기》라는 이름으로 세상에 전해지기는 하였다. 즉 《후한서》 장궁전臧宮傳에 광무제光武帝의 조서를 인용하여 "黃石公記曰: 柔能制剛, 弱能制强. 柔者, 德也; 剛者, 賊也. 弱者, 亡之助也; 强者, 怨之歸也"라는 구절上略이 실려 있다. 그리고 《태평어람》 등에 단편적으로 실려 있는 《황석공기》 인용문도 역시 지금의 《삼략》에서 찾아볼 수 있다.

따라서 이 책을 지은이는 당시까지의 여러 책 중에 병법과 치도에 관한 일을 모아, 서한西漢 말의 왕조 쇠락기에 경고와 경계의 뜻을 포함하여 간단히 주장을 폈으며, 처음에는 그저 《황석공기》라 하던 것이 뒤에 《삼략》으로 이름이 바뀐 것으로 볼 수 있다.

즉 이 책의 중략에 스스로 책의 저술과 내용, 그리고 효용에 대하여 밝히고 있는 점은 다른 책에서는 볼 수가 없다. 즉 이와 같은 문장은 대개 서문으로 내세워 전체를 포괄하는 것이 일반적인 예인데 오히려 이 책에서는 본문, 그것도 중간에 넣어 설명한 점은 유례를 찾아볼 수 없다.(040 참조) 그 내용을 옮겨 보면 다음과 같다.

"성인은 하늘의 원리를 몸으로 체득하고, 어진 이는 땅의 원리를 법으로 삼으며, 지혜로운 자는 옛것을 스승을 삼는다. 이러한 까닭으로 이 《삼략》은 난세를 위해서 쓰여진 책이다. 〈상략〉은 예와 상을 설치하는 것과 간웅을 변별하는 방법, 성공과 실패의 드러남에 대한 내용이며, 〈중략〉은 덕행의 차이와 권변에 대한 심찰審察을 다루었으며, 〈하략〉에서는 도덕을 진술하고 안위를 살피며 적현賊賢에 따른 허물을 명확히 하여야 함을 다루었다. 그러므로 임금 된 자로서 〈상략〉에 대하여 밝히 알고 나면 능히 어진 이를 임용하여 적을 사로잡을 수 있으며, 〈중략〉에 대하여 매우 깊이 알았다면 장수를 제어하고 무리를 통괄할 수 있게 되며, 〈하략〉에 대하여 깊이 알고 났다면 능히 성쇠의 근원을 밝히고 치국의 기틀을 심찰할 수 있게 되리라. 그리고 신하로써 〈중략〉에 대하여 깊이 알고 나면 자신이 세운 공을 온전히 하고 그 몸을 보전할 수 있을 것이다."

(聖人體天, 賢者法地, 智者師古. 是故《三略》爲衰世作. 〈上略〉設禮賞, 別姦雄, 著成敗. 〈中略〉差德行, 審權變. 〈下略〉陳道德, 察安危, 明賊賢之咎. 故人主深曉 〈上略〉, 則能任賢擒敵; 深曉〈中略〉, 則能御將統衆; 深曉〈下略〉, 則能明盛衰之源, 審治國之紀. 人臣深曉〈中略〉, 則能全功保身.)

이상으로 보아 《삼략》은 '예상禮賞·간웅姦雄·성패成敗·덕행德行·권변 權變·도덕道德·안위安危·적현賊賢·임현任賢·금장擒將·어장통중御將統衆· 성쇠盛衰·치국治國·전공보신全功保身' 등의 주제어에서 나타나듯이 순수 병법서로 보기 어려울 정도이다.

한편 황석공이 전해 주었다는 책은 두 가지 주장이 있다. 하나는 바로 송대宋代 장상영張商英이 주를 단 《소서素書》라는 것이다. 이는 유후가 죽을 때 함께 묻어 세상에 알려지지 않았다가 도굴로 인해 빛을 보게 되었다는 것이다.(부록을 볼 것) 그러나 이에 대하여 신빙성을 인정하는 경우는 거의 드물다. 다른 하나는 장량이 받은 책이 바로 《한서》 예문지에 실려 있는 《태공》이라는 책이라는 것이다. 그러나 이 책은 무려 237편의 방대한 내용으로 그 중에 병법에 관한 것은 겨우 85편일 뿐이며 내용도 달라 전혀 관련이 없다고 보고 있다. 지금 이 《태공》은 왕종기汪宗沂가 집일한 《태공병법》이 있다.(부록을 볼 것)

끝으로 《손자병법》 이후 병서는 거의 문답식으로 이루어져 있으나 이 책은 특이하게 《군참軍讖》과 《군세軍勢》라는 책을 인용하고 그 내용에 부가 설명하는 식으로 되어 있다. 물론 인용된 두 책은 지금은 없으며, 그 집일문

까지도 찾기 어려워 아마 이 역시 가상의 책이 아닌가 한다. 따라서 이 책을 들여다보면 순수한 병법이나 군사·국방·용병술이라기보다는 치도와 안국, 그리고 통군어장統軍御將의 정치 책략이 그 주제임을 알 수 있다. 《손자병법》이 '전략戰略'을 주제로 한 책이라면 이 책은 '정략政略'을 주제로 하고 있으며, '병가' 고유의 이론보다는 '유가'의 인의예지를 근간體으로 하고, 병가의 관자管子·손자孫子의 모략을 응용用하였으며, 왕도와 패도를 함께 실시하되 삼황三皇, 오제五帝의 덕치를 최상의 목표로 삼는 '병가 중의 잡가'에 해당한다고 볼 수 있다.

그럼에도 이 책은 송대 '무경칠서'에 들게 된 이유는, 병가의 목표는 당연히 전쟁에서의 승리이겠지만 최종, 최선의 목적은 '무전이승無戰而勝'을 위한 '덕치강국德治强國'이 아닌가 하는 데에서 출발한 것이다. 즉 병서의 특징이 전술, 전략 위주라면, 이 책의 내용은 장수를 제어하고 병사를 통솔하는 것은 물론 군주의 덕과 교화, 외교와 안국을 위한 수단으로서의 전력이지, 전력 자체가 국가통치의 전부가 아님을 강조한 면이 돋보이기 때문이다. 게다가 전쟁에 승리하고 나서의 내부 뒤처리와 군권의 회수, 작록과 봉지를 통한 대우는 왕권 상실의 위험을 제거하기 위한 책략이기도 하지만, 장수의 입장에서도 전공보신全功保身, 즉 이제껏 세운 공을 보전하면서 자신을 안전하게 지키는 호혜수단이라는 논리를 제시한 점은 아주 특이하다.

좌우간 이 책이 《손자병법》이나 그 밖의 다른 병서에 미치지는 못하지만, 병법 사상을 계승한 면에서는 전혀 손색이 없으며 나름대로 군사 철학을 잘 반영하고 있음은 분명하다 할 것이다.

차 례

❀ 책머리에

❀ 일러두기

❀ 해제

1. 상략上略

2. 중략中略

3. 하략下略

🦋 부록

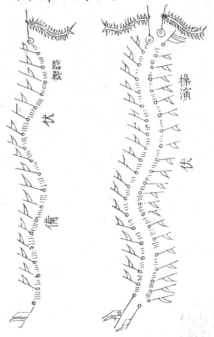

雜兵家長蛇陣圖

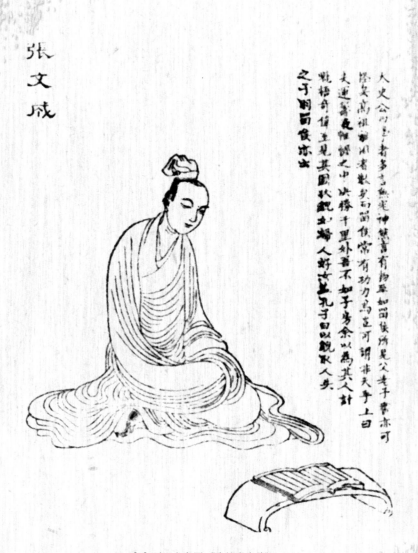

張文成

太史公曰：學者多言無鬼神，然言有物。如留侯所見老父予書，亦可怪矣。高祖離困者數矣，而留侯常有功力焉，豈可謂非天乎。上曰：夫運籌策帷帳之中，決勝千里外，吾不如子房。余以為其人計魁梧奇偉，至見其圖，狀貌如婦人好女。蓋孔子曰：以貌取人，失之子羽。留侯亦云。

장량 清, 上官周《晩笑堂畫傳》

〈黃石公圯橋納履圖〉

〈圯上受書圖〉 淸 馬駘《馬駘畫寶》

天生將之法務攬英雄之心賞祿有功通志於衆故與
衆同好靡不成與衆同惡靡不傾治國安家得人也亡
國破家失人也含氣之類咸願得其志

軍讖曰柔能制剛弱能制強柔者德也剛者賊也弱者
人之所助強者人之所攻柔有所設剛有所施弱有所
用強有所加兼此四者而制其宜端末未見人莫知

天地神明與物推移變動無常因敵轉化不為事先動
而輒隨故能圖制無疆扶成天威康正八極密定九夷
微乃保之不以聖人存之以應事機舒之彌四海卷之不

如此謀者為帝王師故曰莫不貪強鮮能守微若能守
盈杯居之不以室宅守之不以城郭藏之彌光能弱能強
服軍讖曰能柔能剛其國彌光能弱能強其國彌彰純
柔純能其不削純剛純強其國必亡

夫為國之道恃賢與民信賢如腹心使民如四肢則策

無遺所適如股肱相隨骨節相救天道自然其巧無間

軍國之要察衆心施百務危者安之懼者歡之叛者還
之冤者原之訴者察之卑者貴之強者抑之敵者殘之
貪者豐之欲者使之畏者隱之謀者近之讒者覆之毀
者復之反者廢之橫者挫之滿者損之歸者招之服者
活之降者脫之獲固守之獲阨塞之獲難屯之獲城割
之獲地裂之獲財散之敵動伺之敵近備之敵強下之
敵佚去之敵陵待之敵暴綏之敵悖義之敵睦攜之順
舉挫之因勢破之放言過之四網羅之得而勿有居而
勿守拔而勿久立而勿取為者則己有者則士焉知利
之所在彼為諸侯己為天子使城自保令士自處

世能祖祖鮮能下下祖祖為親下下為君君下下為農
桑不奪其時薄賦斂不匱其財罕徭役不使其勞則國
富而家娭然後選士以司牧之夫所謂士者英雄也故
曰羅其英雄則敵國窮英雄者國之幹庶民者國之本
得其幹收其本則政行而無怨

《黃石公三略》秦, 黃石公(撰) 四庫全書(文淵閣) 子部(2) 兵家類

欽定四庫全書

三略直解卷上

明　劉寅　撰

三者上中下三卷也畧者謀畧也世以為黄石公書授張子房於圯橋者也按漢書藝文志云張良韓信序次兵法凡百八十二家删取要用定著三十五家並不言有三畧者漢成帝時任宏論次兵書分權謀形勢陰陽技巧四種共五十三家而三畧亦不載焉

史稱張良少匿下邳與父老遇於圯橋出書一編曰讀此則為王者師遂去旦日視之乃太公兵法也通鑑綱目亦曰張良數以太公兵法說沛公沛公喜常用其策良為他人言輒不省良曰沛公殆天授遂不去正義曰七錄云太公兵法一帙三卷唐李靖亦云張良所學太公六韜三畧是也然則三畧本太公書而黄石公或推演之以授子房以兵家者流至今因以為黄石公書也宋張商英又

欽定四庫全書

三畧直解　卷上

云素書乃黄石公所授子房者也世人多以三畧為是蓋傳之者誤耳素書者晉亂有盗發子房塚於枕中獲之上有祕戒不許傳於不神不聖之人又摘取書中數語以證子房之事且曰自漢以來章句文辭之學熾而知道之士極少如諸葛亮王猛房喬裴度等雖號為一時賢相至於先天大道曽未知其髣髴此書所以不傳於不道不神不聖不賢之人也今觀素書原始章首論道德仁義禮俱本三畧下卷中文因而推廣之耳下文賢人君子明於盛衰之道通乎成敗之數審乎理亂之勢達乎去就之理故潛居抱道以待其時若時至而行則能極人臣之位得機而動則能成絶代之功是以其道足高而名揚於後世及能有其有者安貪人之有者殘舍己以教人者逆正己以化人者順皆三畧全文而少變之耳其後五章亦是雜取古書中語而更換字樣聯屬之非秦漢以前古書况商英之言多涉虚無觀其曰離有離無

黃石公素書

宋　張商英　註

原始章第三

貫五五所以行

夫道德仁義禮五者一體也
註曰離而用則有五合而渾之則為一一之所以

道不可以無始
註曰道不可以無始

道者人之所蹈　使萬物不知其所由
註曰道之衣被萬物廣矣大矣一動息一語默一
出處一飲食大而八紘之表小而芒芥之內何適
而非道也仁不足以名故仁者見之謂之仁智不
足以盡故智者見之謂之智百姓不足以見故日用
而不知也

德者人之所得　使萬物各得其所欲
而不知也
註曰有求之謂欲欲而不得非德之至也求於規

矩者得方圓而已矣求於德者無所欲而不得君
臣父子得之以為君臣父子昆蟲草木得之以為
昆蟲草木大得以成大小得以成小邇之一身遠
之萬物無所欲而不得也

仁者人之所親　有慈惠惻隱之心以遂其生成
註曰仁之為體如天天無不覆如海海無不容如
雨露雨露無不潤慈惠惻隱所以用仁者也非親
於天下而天下自親之無一夫不獲其所無一物
不獲其生書曰鳥獸魚鼈咸若詩曰敦彼行葦牛
羊勿踐履其仁之至也

義者人之所宜　賞善罰惡以立功立事
註曰理之所在謂之義順理決斷所以行義賞善
罰惡義之理也立功立事義之斷也

禮者人之所履　夙興夜寐以成人倫之序
註曰禮履也朝夕之所履踐而不失其序者皆禮
也言動視聽造次必於是故辟邪侈從何而生乎

《黃石公素書》秦, 黃石公(撰) 宋, 張商英(註) 四庫全書(文淵閣) 子部(2) 兵家類

新刊增補 三略直解 卷上

上略.

夫主將之法이務攬英雄之心하야賞祿有功하며通志於衆이니故로
與衆同好면靡不成하고與衆同惡면靡不傾하나니治國安家는得
人也오亡國破家는失人也니含氣之類ㅣ咸願得其志니라

夫主將者는主宰之司命이오主國家之安危勝敗之機也라三軍之命이務延攬英雄之心하야厚賞
祿有功之人하며通上下之志於衆人이라故로與衆人으로同好면則或日好惡也ㅣ皆去聖이라하니未知是否오
一오與衆人으로同惡事면靡有不傾하나니故로治國安家는得賢智之人而用之也니故로含氣有生之
類ㅣ皆願得遂其所用이라萬物得生之理也오亡國破家는失賢智之人而不用也니故로含氣有生之
類ㅣ皆願得遂其所用이라萬物得生之理也오

軍讖에曰柔能制剛하며弱能制强이라하니柔者는德也오剛者는賊也니
弱者는人之所助오强者는人之所攻이니柔者는德也오剛者는賊也니

《三略直解》世昌書館, 1928. 서울

黃石公素書
張商英註

原始章第一

京城　廣益書館　發行

夫道德仁義禮五者는一體也ㅣ니

離而用之則有五호고渾之則爲一이니 一은所以貫五오五는所以衍一이라

道者ㄴ人之所蹈니使萬物로不知其所由오

道之衣被萬物이廣矣大矣라 一動이나 一語默이나 一出處에 飲食과大而八紘之表와小而芒芥之內에 何適而非道也ㅣ리오 仁者ㄴ見之에謂之仁이오智者ㄴ見之에謂之智오百姓은不足以見用而不知也ㅣ라

德者ㄴ人之所得이니使萬物로各得其所欲이오

有求니謂欲이니欲而不得이非德之至也ㅣ오求於規矩는得方圓而已矣오求於權衡者는得輕重而已矣오所欲이不得이非君臣父子ㅣ得之以爲君臣父子호고見蟲魚草木이得之以爲蟲魚草木호며大得以成大호고小得以成小호야遠之一身과邇之萬物에無所欲而不得也ㅣ라

仁者ㄴ人之所親이니有慈惠惻隱之心호야以遂其生成오

仁之爲體如天호니天無不覆호고如海호니海無不容이오如雨露호니雨露無不潤이라慈惠惻隱은所以用仁者也ㅣ라 何適而非仁者也ㅣ리오 日月親於天下而天下ㅣ不暖이오自親之於其身호고其家호고其親호고其物에無一物이不獲其生이라書에曰鳥獸魚鱉이咸若이라호고詩에曰敎彼行葦여牛羊勿踐履라호니其仁之至也ㅣ니라

義者ㄴ人之所宜니賞善罰惡호야以立功立事오

理之所在를謂之義오順理而決斷을所以行義니賞善罰惡은義之理也오立功立事는義之斷也ㅣ라

禮者ㄴ人之所履니夙興夜寐호야以成人倫之序ㅣ니

禮는履也ㅣ니夙興夜寐호야以成人倫之序ㅣ라言動視聽을造次에必於是며放僻奢侈을從何而生乎아

夫欲爲人之本이不可無一焉이라

老子ㅣ曰失道而後에德이오失德而後에仁이오失仁而後에義오失義而後에禮니라禮者는道之散也오義者는道之散也오德者는道之散也오仁者는道之散也오五者ㅣ未嘗不相爲用이나而要其不散者는道妙而已라老子之言體故로曰禮者는

黃石公素書

二

黃帝陰符經

徐大椿註

張良註 (上加圈子)

上篇

觀天之道ᄒᆞ고 執天之行ᄒᆞ면 盡矣라 故로 天有五賊ᄒᆞ니 見之者ᄂᆞᆫ 昌이오

徐曰 天道ᄂᆞᆫ 天之主宰也오 觀者ᄂᆞᆫ 推測而精察之則天之體를 可明也오 天行은 天道之轉運이니 所以鼓動萬物者也오 執者ᄂᆞᆫ 操執之意니 我ㅣ 得而操執之則天之用을 可握矣라 宇宙之大ᄂᆞᆫ 皆天所包ㅣ니 天之體用이 在我면 尙何事ㅣ 不出于天外者乎아 五賊은 五行也ㅣ니 五行이 雖循環相生이나 然이나 必相剋ᄒᆞ야 使凡物로 必滅絕而後에 復生則其用이 不在生而在剋故로 謂之賊이니 然이나 我ㅣ 能灼見其理則事功이 必能昌大ᄒᆞ리라 ○太公曰 其一은 賊命이오 其次ᄂᆞᆫ 賊物이오 其次ᄂᆞᆫ 賊神이라 一急이니 賊神ᄒᆞ야 用之以一信이니 天下ㅣ 用之以怨ᄒᆞ고 其次ᄂᆞᆫ 賊時ᄒᆞ니 賊時之功物以一消ㅣ니 天下ㅣ 用之以利ᄒᆞ고 其次ᄂᆞᆫ 賊物ᄒᆞ니 一瞬이니 天下ㅣ 用之以反ᄒᆞ고 其次ᄂᆞᆫ 賊功ᄒᆞ니 小大ㅣ 鬼谷子ㅣ 日天之恩이니 天下ㅣ 用之以味ᄒᆞ고 其次ᄂᆞᆫ 賊命이니 一用則鬼谷子ㅣ 日天之恩이라 ...

見之者ᄂᆞᆫ 昌이오 正賊에 莫若賊神이온 此大而彼小ㅣ니 而取大ᄒᆞ야 天地도 莫之能神이온 而況于人乎아

五賊이 在心ᄒᆞ니 施行於天宇宙ᄒᆞ고 在乎手ᄒᆞ며 萬化ㅣ 生乎身이니라

徐曰 在心은 能知之明藏之密也오 施行之即易所謂裁成輔相之法이니 天下之事ㅣ 一皆天所爲故로 不日天而在乎手ᄒᆞ니 宇宙ㅣ 包古今而晉이니 在乎手ᄂᆞᆫ 我ㅣ 得而操持之오 萬化ㅣ 兼人物而言이니 生乎身은 我ㅣ 得而長育之也ㅣ라 ○太公曰 聖人은 謂之五賊이오 天下ㅣ 謂之五德이니 心之所昧ㅣ면 亦心之所味니 鬼谷子ㅣ 日心은 生於物ᄒᆞ고 死於物ᄒᆞ니 機在於目이라 ○黃帝ㅣ 曰日人之所死ㅣ 日久 ... 精火ㅣ 生乎目ᄒᆞ야 熒五毒ㅣ라 ...

人乎아 筌日黃帝ᄂᆞᆫ 得賊命之機ᄒᆞ야 白日上昇ᄒᆞ고 殷周ᄂᆞᆫ 得賊神之諭ᄒᆞ야 以小滅大ᄒᆞ고 管仲은 得賊時之信ᄒᆞ야 九合諸候ᄒᆞ고 張良은 得賊功之恩ᄒᆞ야 而敗強楚ᄒᆞ니 而霸南越ㅣ오 ...

黃帝陰符經 二

《黃帝陰符經》徐大椿(註) 張良(註)《秘書三種》(素書, 心書, 陰符經)합간 世昌書館, 1928, 서울

諸葛亮心書

一, 兵機

夫兵權者と三軍之司命이오主將之威勢라將能執兵之勢호며操兵之勢호야而臨群下면譬如猛虎ㅣ加之羽翼而翺翔四海호야隨所遇而施之오若如魚龍이脫於江湖라欲求游洋之勢호나奔濤戲浪이니何可得也ㅣ리오

二, 逐惡

夫軍國之弊ㅣ有五害焉호니一曰結黨相連호야毀讒賢良이오二曰侈其衣服호며異其冠帶오三曰虛詐妖術호며詭言神道오四曰專察是非호야私以動衆이오五曰伺候得失호야陰結敵人이니此所謂奸僞悖德之人이라可遠而不可親也ㅣ니라

三, 知人

夫知人之性이莫難察焉이니美惡이旣殊호며情貌不一이라有溫良而爲詐者호며有外恭而內欺者호며有外勇而內怯者호며有盡力而不忠者ㅣ有호니然이나知人之道ㅣ有七焉호니一曰間之以是非而觀其志오二曰窮之以詞辯而觀其變호며三曰咨之以計謀而觀其識호며四曰告之以禍難而觀其勇호며五曰醉之以酒호야而觀其性호며六日臨之以利호야而觀其廉호며七日期之以事호야而觀其信이니라

京城廣益書館藏版

四, 將才

道之以德호고齊之以禮호며知其飢寒호고察其勞苦면此謂之仁將이오事無苟免호고不爲利撓호며有死之榮고無生之辱호면此謂之義將이오貴而不驕호고勝而不恃호며賢而能下호고剛而能忍호면此謂之禮將이오奇變莫測호며動應多端호며轉禍爲福호고臨危制勝호면此謂之智將이오進有厚賞호며退有嚴刑호며賞不逾時호고刑不擇貴호면此謂之信將이오足輕戎馬호고氣蓋三軍호며志輕强虜호고勇怯於小戰이며怯於大敵이오臨則先行호고退則後殿호면此謂之步將이오登高歷險호고馳射若飛호며進則先行호고退則後殿호면此謂之騎將이오氣凌三軍호고志輕强虜호며怯於小戰호고勇於大敵이면此謂之猛將이오見賢如不及호고從諫若順流호며寬而能剛호고勇而多計면此謂之大將이니라

五, 將器

將之器と其用이大小不同호니若乃察其奸호고伺其禍호야爲衆所服이면此と十夫之將이오夙興夜寐호며言詞密察호면此と百夫之將이오直而有慮호고勇而能鬪면此と千夫之將이오外貌桓桓호고中情烈烈호며知人勤勞호고惜人飢寒이면此と萬人之將이오進賢進能호야日愼一日호며誠信寬大호고閑於理亂이면此と十萬人之將이오仁愛洽於下호고信義服隣國호며上知天文호고中察人事호고下識地理호며四海之内를視如一家면此と天下之將이니라

《心書》(諸葛亮) 《秘書三種》(素書, 心書, 陰符經)합간 世昌書館, 1928. 서울

陰符經　上篇

觀天之道執天之行盡矣天有五賊見之者昌五賊在心施行於天宇宙在乎

〈陰符經〉 唐, 褚遂良(글씨)

諸葛亮

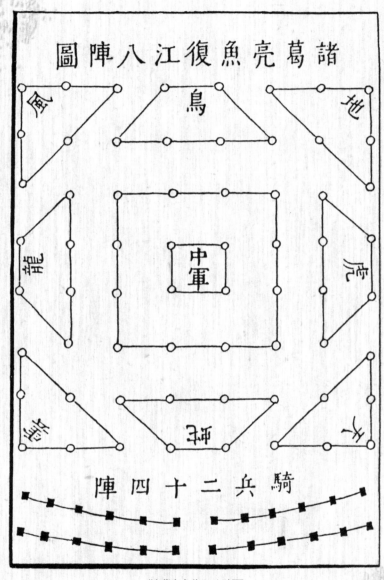

〈諸葛亮魚復江八陣圖〉

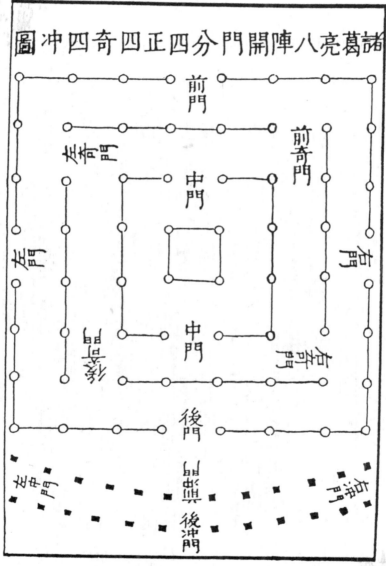

〈諸葛亮八陣開門分四正四奇四冲圖〉

상략上略

 이 책의 본문에 이미 '〈상략上略〉은 예의와 상벌 제도를 설치하고 간악한 무리와 영웅을 변별하여 성패를 드러내어 밝히는 내용.'(〈上略〉設禮賞, 別姦雄, 著成敗)이라 하고, '그러므로 임금 된 자가 이 상략을 깊이 알게 되면 어진 이를 임용하여 적을 사로잡을 수 있다'(故人主深曉〈上略〉, 則能任賢擒敵)라 하였다.(040 참조)

 상략은 《군참軍讖》이라는 고대 병법서를 인용하여 예의를 닦을 것과 백성의 뜻을 존중할 것, 상벌을 명확히 할 것, 간사한 자를 멀리할 것 등을 주장하고 있다. 그리고 군주로서 사람을 등용하여 배치할 때는 그 상황에 따라 적절함을 살필 것과 장수로서 부하를 부릴 때는 화목을 우선으로 하여 인심을 얻고 믿음을 줄 것을 강조하고 있다.

001(上-1)
영웅심을 촉발시켜라

　무릇 장수가 되어 부하를 거느리는 방법은, 그들의 영웅심을 거두어 들이고 공 있는 이에게 상을 내리며 그 무리들과 뜻을 통하는 것이다. 그러므로 모든 이들이 함께 좋아하면 이루지 못할 것이 없으나, 무리들과 함께 악한 짓을 하면 엎어지지 않는 경우가 없다. 나라를 다스리고 집안을 편안히 하는 것은 사람을 얻는 것이요, 나라를 망하게 하고 집안을 파멸시키는 것은 사람을 잃었을 때 일어나는 일이다. 기氣를 머금고 있는 그 어떤 것도 모두가 뜻 얻기를 원하고 있다.

　夫主將之法, 務攬英雄之心, 賞祿有功, 通志于衆.
　故與衆同好, 靡不成; 與衆同惡, 靡不傾.
　治國安家, 得人也; 亡國破家, 失人也.
　含氣之類, 咸願得其志.

【主將】군대를 거느리고 통솔하여 주관함.
【攬】거두어들임.
【傾】엎어짐. 패망함.
【含氣之類】氣를 머금고 있음. 사람을 가리킴.

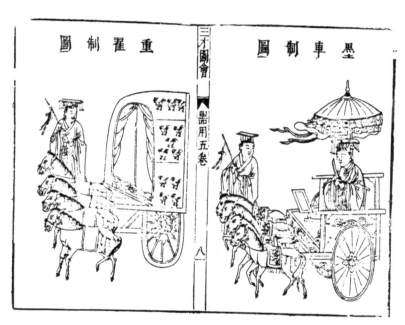

《三才圖會》에 실려 있는 고대 각종 전투 장비

002(上-2)
유약강강柔弱剛强의 원리

《군참軍讖》에 이렇게 적혀 있다.

"부드러운 것이 능히 굳센 것을 이기고, 약한 것이 능히 강한 것을 제압한다."

부드럽다는 것은 덕德이며 굳센 것은 적賊이다. 약한 것은 쉽게 남의 도움을 받지만 강한 것은 남의 공격을 받게 마련이다.

부드러우면서 갖춘 것이 있고 굳세면서 베풂이 있으며 약하면서 쓰임이 있고 강하면서 더 보탤 것이 있는 것, 이 네 가지를 겸비하고 있으면서 그 마땅한 이치를 자신이 제압해야 한다.

끝 부분이 아직 드러나지 않았을 때 사람들은 능히 알 수 없다. 천지신명은 세상 만물과 함께 그 추이를 따르며 변동이 무상하다. 따라서 적의 상황 변화에 근거하되 일을 먼저 나서서 하지 말 것이며, 움직이되 그 시의에 따라야 한다. 그러므로 능히 어떤 일에서나 시도와 제재가 무궁하며, 하늘의 위엄을 도와 성취시키며, 팔극八極을 바르게 잡아주며, 구이九夷를 친밀하게 안정시키는 것, 이와 같은 모책을 짤 수 있는 자가 바로 제왕帝王의 군사책임자가 될 수 있는 것이다.

그러므로 "강한 것을 탐하지 아니하는 자가 없지만, 도리어 유약강강柔弱剛强의 미묘한 이치를 지켜내는 자는 적다. 만약 능히 미묘한 이치를 지켜낼 수 있다면, 이에 그 생명을 보존할 수 있을 것이다"라 한 것이다.

성인은 이를 존속시키되 움직임에는 사물의 기변機變에 적응하고, 이를 펴서 사해四海에 두루 펼치되 이를 말아 가슴에 품고 있어도 가득 채우지는 않으며, 이를 집안에 함께 가지고 있으되 자신의 집안 물건으로만 여기지 않으며, 이를 지키되 이를 자신의 성곽城郭으로만 여기지는 않는다. 이를 가슴에 품고만 있어도 적국敵國은 굴복하게 되는 것이다.

《軍讖》曰:「柔能克剛, 弱能制强.」

柔者, 德也; 剛者, 賊也. 弱者人之所助; 强者人之所攻. 柔有所設, 剛有所施, 弱有所用, 强有所加: 兼此四者而制其宜.

端末未見, 人莫能知, 天地神明, 與物推移, 變動無常.

因敵轉化, 不爲事先, 動而輒隨.

故能圖制無疆, 扶成天威. 匡正八極, 密定九夷. 如此謀者, 爲帝王師.

故曰:「莫不貪强, 鮮能守微. 若能守微, 乃保其生.」

聖人存之, 動應事機, 舒之彌四海, 卷之不盈懷, 居之不以室宅, 守之不以城郭, 藏之胸臆, 而敵國服.

【軍讖】고대 병법서. 지금은 전하지 않음. 대체로 문자로 보아 군대의 승패에 대한 길흉을 점치는 책이 아니었던가 함.

【德】낳아 주고 길러 주는 품덕.

【賊】덕에 상대되는 말로 만물을 소멸시키고 상해하는 품질.

【無疆】끝이 없음.

【八極】천지 사방과 그를 다시 넷으로 나눈 방위. 온 세상을 가리킴.

【密定】아주 안정됨. 긴밀한 관계를 통해 안정시킴.

【九夷】고대 중국 동방의 여러 민족을 가리키는 말. 《論語》子罕篇에 "子欲居九夷"라 하였으며, 《後漢書》東夷傳에 "夷有九種: 曰畎夷·于夷·方夷·黃夷·白夷·赤夷·玄夷·風夷·陽夷. 故孔子欲居九夷也"라 함.

【帝王】고대 이상적인 정치를 행한 군주들.

【師】제왕을 도와 군사적인 문제를 자문하고 해결하며 모책을 짜는 보좌, 뒤에는 군사를 일컫는 말이 되어 《書經》洪範 八政에 "八曰師"라 하였다. 한편 '師'는 뒤에 군대의 편제가 되어 2천 5백 명 단위를 '師'라 하였다. 《周禮》夏官 司馬에 "凡制軍, 萬二千五百人爲軍. 王六軍, 大國三軍, 次國二軍, 小國一軍. 軍將皆命卿. 二千有五百人爲師, 師帥皆中大夫. 五百人爲旅, 旅帥皆下大夫. 百人爲卒, 卒長皆上士. 二十五人爲兩, 兩司馬皆中士. 五人爲伍, 伍皆有長"이라 하였다. 그러나 여기서는 제왕의 스승을 뜻하는 것으로도 볼 수 있음.

003(上-3)
순전히 강하기만 해서는 안 된다

《군참》에 말하였다.

"능히 부드럽게도 하고 능히 굳세게 해도 그 나라는 더욱 빛이 날 것이며, 능히 약하게도 하고 능히 강하게만 해도 그 나라는 드러날 것이다. 그러나 순진하게 부드럽기만 하고 순진하게 약하기만 하다면 그런 나라는 틀림없이 깎이고 말 것이요, 순전히 굳세기만 하고 순전히 강하기만 하다면 그런 나라는 틀림없이 망하고 말 것이다."

《軍讖》曰:「能柔能剛, 其國彌光; 能弱能强, 其國彌彰. 純柔純弱, 其國必削; 純剛純强, 其國必亡.」

【彌光】더욱더 밝아짐. '彌'는 '益'의 뜻.
【純柔】柔弱과 剛强을 적절히 배합하지 못하고 오로지 한 가지만 고집하여 지키고 있음. 다음의 '純'자는 모두 같음.

高二寸二分長三寸二分濶一寸
七分輪徑各二寸二分重二十兩

鳩

無銘右器狀鳴鳩形置兩輪間輪
行則鳩從之其禽背負一子有鈕

車

置之前以貫繩蓋轊維之所也按
鳴鳩之詩以況妯道均一故象其

圖

子以附之因以爲兒童戲若杜氏
幽求子所謂兒年五歲有鳩車之
樂七歲有竹馬之歡者是也

九

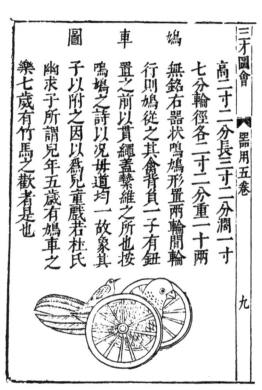

《三才圖會》에 실려 있는 고대 각종 전투 장비

004(上-4)
무력으로 처리해야 하는 일들

　무릇 나라를 다스리는 방법이란 어진 이를 믿어 백성과 함께 하며, 어진 이에 대한 믿음을 마치 내 뱃속의 심장처럼 여기며, 백성 부리기를 마치 나의 사지 부리듯이 여겨, 법칙과 모책에 빠뜨림이 없어야 하는 것이다.

　가는 곳이면 마치 자기 몸의 지체가 저절로 따라오는 것과 같고 골절이 서로를 보호해 주는 것과 같으니, 천도와 자연의 그 교묘함에 틈이 없는 것과 같은 것이다.

　나라의 군사 업무를 다스리는 요체는, 여러 사람의 마음을 살피고 온갖 업무를 내려주는 것이다. 위태로운 자는 안정시켜 주고, 두려움에 떠는 자는 즐거운 마음을 맛보도록 하며, 배반한 자는 돌아오게 하고, 원한을 가진 자는 원래의 상태로 되돌려 주며, 호소하는 자는 이를 잘 살펴 주고, 낮은 자는 귀하게 해 주며, 강한 자는 억제하고, 남을 대적하는 자는 잔폐시키며, 탐욕을 부리는 자는 풍성하게 해 주고, 욕심을 내는 자는 이를 부리며, 겁내는 자는 숨겨 주고 꾀 많은 자는 가까이 오도록 하며, 참훼를 일삼는 자는 엎어 버리고, 헐뜯기를 잘하는 자는 자세히 살펴 사실을 알아보며, 반대하는 자는 폐지시키고, 옆으로만 삐딱하게 구는 자는 꺾어 버리며, 넘치는 자는 덜어 주고 돌아오는 자는 맞아 주며, 복종하는 자는 살 곳을 마련해 주고, 항복하는 자는 그 죄를 벗어나게 해 주어야 한다.

험고한 것을 얻으면 이를 지켜내고, 요충지를 만나면 이를 막아낼 요새로 활용하며, 지켜내기 어려운 곳이라면 그곳에 군대를 주둔시키고, 성을 얻으면 이를 할양해 주며, 땅을 얻으면 이를 떼어 주고, 재물을 얻으면 이를 널리 흩어 베풀어 주어야 한다.

적이 움직이면 이를 잘 살펴보아야 하고, 적이 가까이 오면 이를 경비하며, 적이 강하면 이에 우리가 숙여 주고, 적이 편안히 굴면 이를 없애 버리며, 적이 남을 능멸하면 때를 기다리고, 적이 포악하게 굴면 이를 달래 주어야 하며, 적이 패덕스럽게 굴면 이를 의로써 맞서고, 적이 자신들끼리 화목하다면 이를 이간시켜야 한다.

순리에 따라 일어나서 적을 꺾어 버리고 세력을 근거로 적을 깨뜨리며, 헛된 말투라면 이는 못들은 척 지나쳐 버리고 사방에 그물을 쳐서 이를 잡아야 한다.

얻어도 자신의 소유로 삼지 아니하고, 자리를 차지하더라도 이를 지키겠다고 안달하지 아니하며, 성을 함락시켰더라도 오래 차지하고 있지 아니하고, 공을 세웠더라도 이를 자신의 것으로 취하지 않아야 한다.

어떤 일이든 실행하는 것은 자신에게 책임을 돌리고 성과가 있을 때는 사졸에게 공을 넘긴다면, 어찌 이익이 어디에 있는지 알고자 하겠는가!

저들은 제후가 되고 나는 천자가 되어 각 성들은 자신들이 지키도록 하고 사졸들로 하여금 자신들이 그 자리를 차지하게 하면 되는 것이다.

夫爲國之道, 恃賢與民. 信賢如腹心, 使民如四肢, 則策無遺.
所適如支體相隨, 骨節相救, 天道自然, 其巧無間.

軍國之要, 察衆心, 施百務: 危者安之, 懼者歡之, 叛者還之, 冤者
原之, 訴者察之, 卑者貴之, 强者抑之, 敵者殘之, 貪者豊之, 欲者使之,
畏者隱之, 謀者近之, 讒者覆之, 毀者復之, 反者廢之, 横者挫之, 滿者
損之, 歸者招之, 服者居之, 降者脫之.

獲固守之, 獲厄塞之, 獲難屯之, 獲城割之, 獲地裂之, 獲財散之.

敵動伺之, 敵近備之, 敵强下之, 敵佚去之, 敵陵侍之, 敵暴綏之,
敵悖義之, 敵睦攜之.

順擧挫之, 因勢破之, 放言過之, 四網羅之.

得而勿有, 居而勿守, 拔而勿久, 立而勿取.

爲者則己, 有者則士, 焉知利之所在!

彼爲諸侯, 己爲天子, 使城自保, 令士自處.

【支】 ‘肢’와 같음. 한편 《尉繚子》 攻權篇에 “將帥者, 心也; 羣下者, 支節也. 其心 動以誠, 則支節必力; 其心動以疑, 則支節必背. 夫將不心制, 卒不節動, 雖勝幸 勝也, 非攻權也”라 하여 같은 내용이 실려 있음.

【畏者】 과실이나 죄악을 범하고 남이 알까 걱정하는 사람.

【覆】 엎어짐. 여기서는 믿고 따라 주지 않음을 말함.

【復】 반복해서 자세히 살핌.

【損】 스스로를 덜어 겸손하게 행동함.

【脫】 죄에서 벗어남. 赦免함.

【佚】 일과 같음. ‘초과하다’의 뜻.

【陵】 사기가 아주 높음을 뜻함.

【綏】 안무함. 편안하게 해 줌.

【攜】 이간시킴.

【放言】 말을 마구 함.

【爲者則己】 이하의 구절에 대하여 劉寅은 《三略直解》에서 오자가 있는 것으로 보았다.

【士】 여기서는 장군에 상대되는 ‘사졸’로 보았음. 그러나 이 책에서는 정치에 의견을 내어 보좌하는 선비로 풀이해야 할 경우도 있음.

005(上-5)
천하 영웅을 모두 망라하라

세상의 군주로서 능히 자신의 조상을 조상으로 존중하면서, 도리어 자신의 아랫사람(백성)을 아랫사람으로 대접하는 자는 적다. 조상을 조상으로 존중하는 것은 혈친의 관계이며, 백성을 백성으로 대접하는 것은 임금으로서의 직무이다.

백성을 백성으로 대우하는 것이란, 그들로 하여금 농사와 잠상에 힘쓰게 하여 그 농사철을 빼앗지 아니하는 것이며, 부렴賦斂을 줄여 주어 그들의 재물을 바닥나게 하지 않는 것이며, 요역徭役을 적게 하여 그들을 힘들게 하지 않는 것이다. 이렇게 하면 나라는 부강해지고, 백성의 집안은 즐거움을 얻게 될 것이다. 이렇게 한 뒤에는 선비를 뽑아 이들을 다스리게 하는 것이다.

무릇 소위 선비라고 하는 것은 걸출한 인물英雄들이다. 그러므로 "그 영웅들을 망라하면 적국은 곤궁해지고 만다"라 한 것이다.

이 걸출한 인물들이란 나라의 줄기이며, 서민은 나라의 근본이다. 그 줄기를 얻고 그 근본을 거두어들인다면, 정치를 시행함에 그 어떤 원망도 사라지게 된다.

世能祖祖, 鮮能下下. 祖祖爲親, 下下爲君. 下下者, 務耕桑, 不奪其時; 薄賦斂, 不匱其財; 罕徭役, 不使其勞, 則國富而家娛, 然後選士以司牧之.

夫所謂士者, 英雄也.

故曰:「羅其英雄, 則敵國窮.」

英雄者, 國之幹; 庶民者, 國之本. 得其幹, 收其本, 則政行而無怨.

【祖祖】조상을 조상으로 존귀하게 여김.

【下下】아래의 백성을 아랫사람으로 사랑하고 보호함.

【司牧】백성을 다스리고 보호하는 일. 牧者의 일을 담당함.

【英雄】걸출하고 뛰어난 인재들. 나라의 동량이며 백성의 어버이가 될 만한 인물들을 가리킴.

006(上-6)
예와 녹을 함께 사용하라

무릇 용병의 요체는 예를 숭상하고 녹을 중시함에 있다. 예를 숭상하면 지혜로운 선비가 찾아올 것이며, 녹을 중시하면 의기가 있는 선비가 죽음을 가볍게 여길 것이다.

그러므로 어진 이에게 녹을 줄 때 재물을 아까워하지 말고, 공 있는 자에게 상을 내림에 때를 놓치지 않으면 아랫사람은 힘을 합하게 될 것이요, 적국은 약하게 되고 말 것이다.

무릇 사람을 쓰는 방법이란 작위로써 지위를 높여 주고 재물로써 풍족하게 해 준다면 선비가 스스로 다가올 것이요, 예로써 대접하고 의로써 면려시킨다면 선비가 죽음을 두려워하지 않고 나서 줄 것이다.

夫用兵之要, 在崇禮而重祿. 禮崇則智士至, 祿重則義士輕死.
故祿賢不愛財, 賞功不踰時, 則下力幷, 而敵國削.
夫用人之道, 尊以爵, 贍以財, 則士自來; 接以禮, 勵以義, 則士死之.

【幷】 '아우르다, 합하다'의 뜻.
【贍】 물질을 공급하여 풍족하게 해 줌.

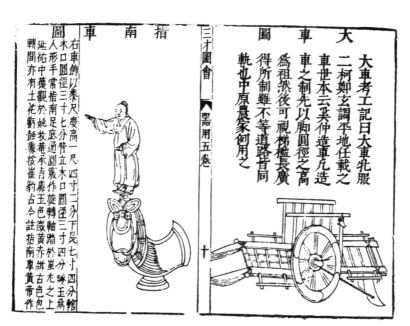

《三才圖會》에 실려 있는 고대 각종 전투 장비

007(上-7)
병사들에게 고루 술맛을 보게 한 장수

무릇 거느리고 인솔하는 임무를 맡은 자라면, 반드시 사졸들과 그 즐거운 맛을 함께 하며 안위安危를 공동으로 여겨야 한다. 그래야 적보다 더한 힘을 보태어 적병을 상대하여 전승을 거둘 수 있으며, 적은 완전히 사라지게 될 것이다.

옛날 훌륭한 장수로서 병사를 활용함에, 어떤 이가 좋은 술을 가져다 주자 이를 강물 상류에 쏟게 하여 사졸들과 그 하류에서 함께 그 물을 마셨다.

무릇 한 동이 술이 강물, 전부를 술맛이 나게 할 수는 없었지만, 삼군三軍의 사졸들이 모두 죽음으로 이를 보답하고자 한 것은 그 맛이 자신에게 미쳤다는 은혜 때문이었다.

夫將帥者, 必與士卒同滋味而共安危. 敵乃可加, 敵兵有全勝, 敵有全因.

昔者, 良將之用兵, 有饋簞醪者, 使投諸河, 與士卒同流而飮.

夫一簞之醪, 不能味一河之水, 而三軍之士思爲致死者, 以滋味之及己也.

【加】능가함. 전쟁에서 이김.

【因】‘湮’과 같은 뜻으로 봄. 湮滅됨. 사라짐. 雙聲互訓으로 풀이함.

【簞】대나무로 만든 그릇.

【有饋簞醪者, 使投諸河】越王 勾踐이 吳나라를 칠 때, 마침 어떤 자가 좋은 술을 가지고 있으나 양이 충분하지 않음을 알고, 이를 계곡 상류에 부어 그 흐르는 물을 모든 군사에게 먹도록 하였다 함. 이에 군사들이 감격하여 누구하나 명령에 복종하지 아니하는 자가 없었다 한다. 이는 바로 《黃石公記》를 근거로 알려진 고사이며, 《幼學瓊林》에는 “畢卓爲吏部而盜酒, 逸興太豪; 越王愛士卒 而投醪, 戰氣百倍”라 하였다.

【三軍】주나라 때 一軍은 12,500 명을 가리키며 天子(王)는 六軍을, 제후 중에 大國은 三軍을, 그 다음 정도는 二軍을, 소국은 一軍을 둘 수 있었음. 《周禮》 夏官 司馬에 “凡制軍, 萬二千五百人爲軍. 王六軍, 大國三軍, 次國二軍, 小國一軍. 軍將皆命卿. 二千有五百人爲師, 師帥皆中大夫. 五百人爲旅, 旅帥皆下大夫. 百人 爲卒, 卒長皆上士. 二十五人爲兩, 兩司馬皆中士. 五人爲伍, 伍皆有長”이라 함.

008(上-8)
우물을 다 파기 전에는 목마르다 말하지 말라

《군참》에 이렇게 말하였다.

"군대의 우물을 아직 다 파지 않았을 때 장수는 목마르다는 말을
해서는 안 되며, 군대 막사가 아직 다 마련되지 않았을 때라면 장수는
피곤하다는 말을 해서는 안 되며, 군대 아궁이에 아직 밥을 다 짓지
않았을 때라면 장수로서 배고프다는 말을 해서는 안 된다. 겨울에는
털외투를 입지 않으며, 여름에는 부채를 들고 있어서도 안 된다. 그리고
비 온다고 우산을 펴서도 안 된다. 이를 일러 장수로서의 예라 한다."

이처럼 그들과 편안함을 같이 하고 위험을 함께 해야 그로 인해
무리가 합심하여 이산되지 않는 것이며, 그들을 부려서 써도 피로함이
없어지는 것이니 이는 평소 그 은덕을 쌓아 두고 평소 화합을 이루도록
도모하는 것으로써 해야 한다.

그러므로 "은혜를 쌓아 두면 하나로써 만 명을 거두어들일 수 있다"라
한 것이다.

《軍讖》曰:「軍井未達, 將不言渴; 軍幕未辦, 將不言倦; 軍竈未炊, 將不言飢. 冬不服裘, 夏不操扇, 雨不張蓋, 是謂將禮.」

與之安, 與之危, 故其衆可合而不可離, 可用而不可疲, 以其恩素蓄·謀素合也.

故曰:「蓄恩不倦, 以一取萬.」

【軍井未達】《尉繚子》戰威篇에 "夫勤勞之師, 將必先己, 暑不張蓋, 寒不重衣, 險必下步, 軍井成而後飲, 軍食熱而後飯, 軍壘成而後舍, 勞佚必而身同之. 如此, 則師雖久而不老不弊"라 하여 같은 내용이 실려 있음.
【軍幕】군대 야전에서의 작전 지휘소.
【蓋】우산, 일산.

009(上-9)
명령과 군대 행정

《군참》에 이렇게 말하였다.

"장수가 위엄으로써 해야 할 것이란 호령號令이며, 전투에서 전승을 거둘 수 있는 것이란 군대의 행정이며, 사졸로써 가볍게 전투를 수행해 낼 수 있는 것이란 명령에 따라 쓸 수 있는 단계가 되어야 하는 것이다."

그러므로 장수로서 명령이란 다시 거두어들여야 할 것이 있어서는 안 되며, 상과 벌은 반드시 믿음이 있어야 한다. 그리고 하늘과 같고 땅과 같아야 이에 사람을 통제할 수 있는 것이며, 사졸은 그 명령대로 쓸 수 있어야 비로소 국경을 넘어 원정에 나설 수 있는 것이다.

《軍讖》曰:「將之所以爲威者, 號令也; 戰之所以全勝者, 軍政也; 士之所以輕戰者, 用命也.」

故將無還令, 賞罰必信; 如天如地, 乃可御人; 士卒用命, 乃可越境.

【軍政】군사에 대한 행정. 편제와 장비 등을 관리함을 말함.

【輕戰】가볍게 전투를 수행함. 전투를 힘들어하지 않고 자신 있게 나섬.

【用命】군대 규율과 법칙에 복종하여 장수가 그들을 명령으로 다스릴 수 있는 단계가 됨.

【還令】이미 내린 명령을 거두어들임. 명령을 잘못 내림을 뜻함.

【如天如地】하늘의 천문 사시가 착오가 없고, 땅의 만물이 어긋남이 없듯이 정확하게 처리함을 말함.

010(上-10)
장수의 임무와 병졸의 의무

　무릇 군대를 통솔하여 그 세력을 지속하는 것은 장수의 임무이며, 승세를 만들어 적을 깨뜨리는 것은 여러 병졸들의 일이다.

　그러므로 난장亂將은 그로 하여금 군대를 거느리게 해서는 안 되며, 기율이 무너진 병사들로 하여금 남을 치게 해서는 안 된다.

　이러한 경우 성을 공격해도 함락할 수 없으며, 읍을 함락시키겠다고 도모해도 그 읍을 잔폐시킬 수 없을 것이니, 이 두 가지에 아무런 공을 거두지 못한다면 사졸들은 힘만 피폐해지게 된다.

　사졸들의 힘이 피폐해지면 장수는 고립되고 병졸들은 패덕스러워져서 이들을 가지고 수비를 편다면 견고하지 못할 것이며, 이들로 하여금 전투를 하게 한다면 패하여 달아나고 말 것이니 이를 일러 노병老兵이라 한다.

　이렇게 지친 병사가 되고 나면 장수의 위엄이 먹혀들지 않게 되고, 장수의 위엄이 먹혀들지 않게 되면 사졸들은 그 형법을 경홀히 여기게 되고, 사졸들이 형법을 별것 아닌 것으로 보게 되면 군대는 대오隊伍를 잃게 되며, 군대가 대오를 잃게 되면 사졸은 도망가게 될 것이며, 사졸이 도망가면 적은 그 이익을 틈탈 것이요, 적이 그 이익을 틈타게 되면 군대는 틀림없이 망하고 말 것이다.

夫統軍持勢者, 將也; 制勝破敵者, 衆也.

故亂將不可使保軍, 乖衆不可使伐人.

攻城則不拔, 圖邑則不廢, 二者無功, 則士力疲弊.

士力疲弊, 則將孤衆悖, 以守則不固, 以戰則奔北, 是謂老兵.

兵老則將威不行, 將無威則士卒輕刑, 士卒輕刑則軍失伍, 軍失伍則士卒逃亡, 士卒逃亡則敵乘利, 敵乘利則軍必喪.

【亂將】능력이 없는 장수. 엄격하지 못하고 명령이 불분명하며 지휘에 기준이 없는 자.《孫子》地形篇에 "將若不嚴, 敎道不明, 吏卒無常, 陳兵縱橫曰亂"이라 함.

【乖衆】기율이 무너진 군졸.

【奔北】패주함. 패배하여 달아남.

【老兵】피로에 지친 병사.

【伍】고대 가장 기본적인 군제 단위. 다섯 명을 단위로 '伍'라 함.《周禮》夏官司馬에 "凡制軍, 萬二千五百人爲軍. 王六軍, 大國三軍, 次國二軍, 小國一軍. 軍將皆命卿. 二千有五百人爲師, 師帥皆中大夫. 五百人爲旅, 旅帥皆下大夫. 百人爲卒, 卒長皆上士. 二十五人爲兩, 兩司馬皆中士. 五人爲伍, 伍皆有長"이라 함.

011(上-11)
자신을 용서하는 마음을 미루어

《군참》에 이렇게 말하였다.

"훌륭한 장수가 군대를 통솔함에는 자신을 용서하는 마음으로 남을 다스린다. 자신에게 올 혜택을 미루어 남에게 은혜를 베풀면 사졸의 힘은 날로 새로워져서, 전투에서는 마치 바람이 일어나듯 하며, 공격에는 마치 센 물길을 터놓은 것과 같이 된다."

그러므로 이렇게 하여 거느린 많은 병사에 대하여 적은 가히 쳐다볼 뿐 맞서려 하지 못할 것이며, 가히 항복은 할지언정 그들이 승리를 할 수는 없다. 자신의 몸을 남보다 먼저 하여 앞서면 그러한 장수가 거느린 병사는 천하의 영웅이 되는 것이다.

《軍讖》曰:「良將之統軍也, 恕己而治人. 推惠施恩, 士力日新; 戰如風發, 攻如河決.」

故其衆可望而不可當, 可下而不可勝.

以身先人, 故其兵爲天下雄.

【恕】儒家의 윤리 규범. 仁愛之心으로 남의 사정을 살펴 알아 줌.《論語》里仁篇에 "子曰:「參乎! 吾道一以貫之.」曾子曰:「唯.」子出, 門人問曰:「何謂也?」曾子曰: 「夫子之道, 忠恕而已矣.」"라 하였으며,《中庸》13章에는 "忠恕違道不遠: 施諸己 而不願, 亦勿施於人"이라 함.

【故其衆可望而不可當】이 구절의 주어는 敵, 상대 군사이다. 즉 "그 무리에 대하여 적은 가히 쳐다볼 뿐 맞서지 못한다"는 뜻이다.

012(上-12)
상벌은 사졸을 다스리는 표리

《군참》에 이렇게 말하였다.

"군대는 상을 겉으로 하고 벌을 속으로 하여 표리로 삼는다."

상벌이 명확하면 장수의 위엄이 행해지고, 군 행정관이 그 업무가 합당함을 얻으면 사졸들이 복종한다. 그리고 그 임무를 맡긴 자가 어질면 적국이 두려움에 떨게 된다.

《軍讖》曰:「軍以賞爲表, 以罰爲裏.」

賞罰明, 則將威行; 官人得, 則士卒服; 所任賢, 則敵國震.

【以賞爲表, 以罰爲裏】상과 벌을 균형 있게 실시하여 표리로 삼음.

【官人】군대 행정을 맡은 관리.

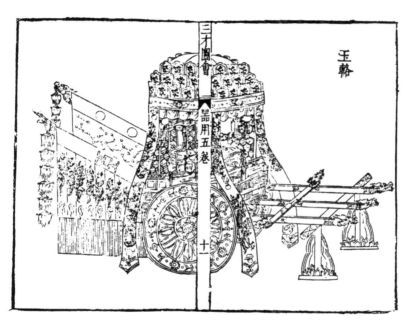

《三才圖會》에 실려 있는 고대 각종 전투 장비

장수는 나라의 운명을 쥐고 있는 자

《군참》에 이렇게 말하였다.

"어진 자가 적재적소에 배치되면 그 앞에는 대적할 자가 없다."

그러므로 사졸들이란 장수로서 스스로 낮추어 명령을 듣도록 해야지 그들에게 교만하게 굴어서는 안 되며, 장수에게는 즐거움을 느끼도록 해 주어야지 그를 근심에 떨게 해서는 안 되며, 모책은 가히 깊이 따져야지 의심을 가진 채 세워서는 안 된다.

사졸에게 교만하게 하면 아랫사람이 순종하지 아니하며, 장수에게 근심을 갖도록 하면 내외가 믿지 않으며, 모책에 의심을 가지면 적국이 분격하여 일어난다. 이러한 상태로 공격과 정벌에 나섰다가는 혼란을 조성하게 된다.

무릇 장수란 나라의 운명을 쥐고 있는 것이니, 장수가 능히 승세를 제압한다면 국가는 안정을 얻은 것이다.

《軍讖》曰:「賢者所適, 其前無敵.」

故士可下而不可驕, 將可樂而不可憂, 謀可深而不可疑.

士驕則下不順, 將憂則內外不相信, 謀疑則敵國奮.

以此攻伐, 則致亂.

夫將者, 國之命也. 將能制勝, 則國家安定.

【賢】고대 '賢'(어질다)의 뜻은 전체 문맥으로 보아 도덕적으로 어짊을 넘어 능력에 있어서도 똑똑하고 일처리를 잘 하는 자를 뜻함.

【士可下而不可驕】장수가 사졸들에게 해야 할 태도를 말한 것임.

【內外】임금은 나라 안의 일을 다스리고, 장수는 나라 밖의 일을 관장함.

【奮】분발함. 진작시킴. 적국에게 자신있게 나설 기회를 주게 됨.

장수로서 알고 있어야 할 정보들

《군참》에 이렇게 말하였다.

"장수라면 능히 청렴하고, 능히 안정을 지킬 수 있으며, 능히 평온함을 유지할 수 있고, 능히 반듯하게 할 수 있으며, 능히 남의 간언을 받아들일 수 있으며, 능히 소송을 치우침 없이 판결할 수 있으며, 능히 남을 용납할 수 있으며, 능히 남의 건의를 채택할 수 있으며, 능히 상대 나라의 풍속을 잘 알고 있으며, 능히 적국의 산천 형세를 그려낼 수 있으며, 능히 그 나라의 험한 곳과 어려운 곳을 드러내어 설명할 수 있으며, 능히 군대의 권한을 통제할 수 있어야 한다."

그러므로 "어질고 똑똑한 자의 지혜, 성스럽고 명확한 염려, 일반 백성의 여론, 궁궐 안에서의 의사 결정, 국가 흥망의 일들은 장수로서 의당 들어 알고 있어야 할 사항이다"라 한 것이다.

《軍讖》曰:「將能清, 能靜, 能平, 能整, 能受諫, 能聽訟, 能納人, 能采言, 能知國俗, 能圖山川, 能表險難, 能制軍權.」

故曰:「仁賢之智, 聖明之慮, 負薪之言, 廊廟之語, 興衰之事, 將所宜聞.」

【能聽訟】 송사가 있을 경우 억울함이 없도록 공정하게 처리함. 《論語》顏淵篇에 "子曰:「聽訟, 吾猶人也. 必也使無訟乎!」"라 하였고 집주에 "范氏曰:「聽訟者, 治其末, 塞其流也. 正其本, 淸其源, 則無訟矣.」"라 함.

【圖山川】 상대 나라의 산천 지형을 잘 파악하고 있음.

【表】 명료함.

【負薪】 땔감을 짊어지고 다니는 사람. 여기서는 직위가 없는 평민을 뜻함.

【廊廟】 궁궐을 가리킴. '廊'은 궁전의 回廊, '廟'는 종묘. 궁중에서의 의사 결정.

015(上-15)
지녀서는 안 될 네 가지 결점

　장수가 능히 선비를 생각함이 마치 목마른 자의 심정과 같이할 수 있다면 모책이 그로부터 저절로 나올 것이다. 장수로서 간언을 거부한다면 영웅은 흩어질 것이요 모책이 나오지 않으며 모사들이 등을 돌리고 배반할 것이며, 선악을 같은 것으로 취급하면 공을 이룬 신하는 게을러질 것이다.

　그리고 모든 것을 자신의 독선대로 하면 아랫사람이 그 허물을 그에게 돌리게 될 것이며, 자신을 자랑하기에 급급하면 아랫사람이 그 공을 인정하지 않을 것이며, 참훼하는 말을 믿으면 무리의 마음이 떠날 것이며, 재물에 탐욕을 부리면 간악한 자들이 못하는 짓이 없을 것이며, 안으로 자신의 이해만 돌아보면 사졸들은 황음무도한 짓을 저지르게 될 것이다.

　이상의 내용 중에 장수로서 한 가지만 가지고 있어도 무리가 복종하지 않을 것이며, 두 가지를 가지고 있다면 군대에 질서가 없어질 것이며, 세 가지를 가지고 있다면 그 군사는 달아나 도망하고 말 것이며, 네 가지를 가지고 있다면 그 재앙이 국가에 미치게 될 것이다.

將者, 能思士如渴, 則策從焉.

夫將拒諫, 則英雄散; 策不從, 則謀士叛; 善惡同, 則功臣倦.

專己, 則下歸咎; 自伐, 則下少功; 信讒, 則衆離心; 貪財, 則姦不禁; 內顧, 則士卒淫.

將有一, 則衆不服; 有二, 則軍無式; 有三, 則下奔北; 有四, 則禍及國.

【善惡同】선악에 대하여 차별을 두지 않음. 상벌을 분명히 함을 뜻함.

【專己】자신의 의도만을 고집함.

【伐】'자랑하다'의 뜻.

【內顧】처첩을 생각함. 여색을 밝힘을 말함.

【式】법칙, 준칙.

016(上-16)
세 가지 계책

《군참》에 이렇게 말하였다.

"장수로서 모책을 세울 때는 주도면밀하게 하여 자신의 무리를 하나로 모으고, 적을 공격할 때는 신속하게 하고자 해야 한다."

장수의 모책이 면밀하면 간악한 무리가 그 마음을 닫게 되고, 사병의 무리가 하나로 합하면 군대 전체의 사기가 하나로 뭉쳐진다. 그리고 적을 공격할 때 신속하게 하면 그들의 방비가 제대로 세울 기회를 없애게 된다.

군대에 이러한 세 가지 조건이 갖추어진다면 계책에 놓치는 경우가 없을 것이다.

장수의 모책이 누설되면 군대의 위세가 없어지고, 밖에서 안을 훔쳐 볼 수 있으면 그 재앙을 제압할 수 없게 되며, 재물이 군대로 들어오게 되면 무리가 간악한 마음으로 모이게 된다. 장수로써 이 세 가지 행동이 있게 되면 그 군대는 틀림없이 패하고 말 것이다.

장수로써 염려함이 없으면 모책을 세워 줄 선비가 떠나고, 장수로써 용기가 없으면 행정 관리들이 두려움을 느끼며, 장수가 경거망동을 부리면 그 군대는 중엄하지 못하게 되며, 장수가 노기를 남에게 돌리면 그 군대 전체가 공포심에 빠지게 된다.

《軍讖》曰:「將謀欲密, 士衆欲一, 攻敵欲疾.」

將謀密, 則姦心閉; 士衆一, 則軍心結; 攻敵疾, 則備不及設.

軍有此三者, 則計不奪.

將謀泄, 則軍無勢; 外闚內, 則禍不制; 財入營, 則衆姦會. 將有此三者, 軍必敗.

將無慮, 則謀士去; 將無勇, 則吏士恐; 將妄動, 則軍不重; 將遷怒, 則一軍懼.

【奪】 착오, 과실.

【姦會】 간악한 무리들의 모임.

【遷怒】 노기를 다른 사람에게까지 넘김.《論語》雍也篇에 "哀公問:「弟子孰爲好學?」孔子對曰:「有顏回者好學, 不遷怒, 不貳過. 不幸短命死矣, 今也則亡, 未聞好學者也.」"라 함.

경계로 삼아야 할 네 가지 조건

《군참》에 이렇게 말하였다.

"염려함과 용기란 장수로써 중히 여겨야 할 바이며, 행동과 노함이란 장수가 잘 활용하여야 할 바이다."

그러니 이 네 가지는 장수로서 명확히 경계로 삼아야 할 것이다.

《軍讖》曰:「慮也, 勇也, 將之所重; 動也, 怒也, 將之所用.」

此四者, 將之明誡也.

【所用】 장수로서 잘 활용하여야 할 것이기도 하다는 뜻.

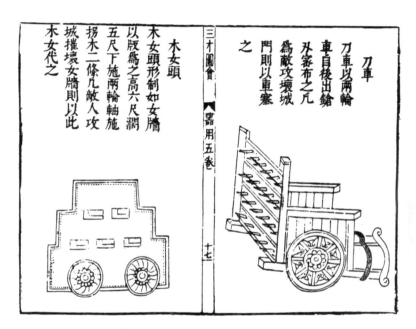

刀車
刀車以兩輪
車自後出銛
刃密布之凡
爲敵攻壞城
門則以車塞
之

三才圖會　器用五卷　十七

木女頭
木女頭形制如女牆
以版爲之高六尺濶
五尺下施兩輪軸施
扬木二條凡敵人攻
城摧壞女牆則以
木女代之

《三才圖會》에 실려 있는 고대 각종 전투 장비

018(上-18)
재물로 보상하고 상으로 칭찬하라

《군참》에 이렇게 말하였다.

"군대 안에 재물로 보상함이 없다면 사졸들이 찾아오지 않으며, 군대에 상으로 격려함이 없다면 사졸들이 찾아가지 않는다."

《軍讖》曰：「軍無財, 士不來; 軍無賞, 士不往.」

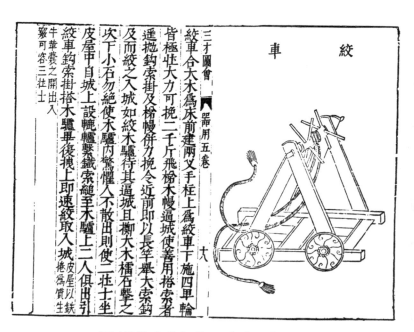

絞　車

絞車合大木爲床前建兩叉手桓上爲絞車下施四車輪
皆極壯大力可挽二千斤飛槍木幔遍城使善用捲索者
遙拋鈎索掛及棧幔幷力挽令近前即以長竿舉大索鈎
及而絞之入城如絞木驢行其遍城且柳大木檑石擊之
次下小石勿絕使木驢內鷩懼人不敢出則使二壯士坐
皮屋中自城上設轆轤繫鐵縋至木驢上二人俱出引
絞車鈎索掛捲木驢畢後拽上即速絞取入城　皮屋以鐵
轂可容三壯士　葉裹轂之開出入　捲爲質生牛革裹

《三才圖會》에 실려 있는 고대 각종 전투 장비

019(上-19)
향내 나는 미끼에 물고기가 물리듯

《군참》에 이렇게 말하였다.

"향내 나는 미끼 아래에 틀림없이 물고기가 걸려들게 마련이며, 중한 상 아래에는 틀림없이 죽음을 무릅쓴 사나이가 있게 마련이다."

그러므로 예禮라고 하는 것은 사졸이 돌아갈 곳이요, 상賞이라고 하는 것은 사졸들이 죽음을 무릅쓸 바이기도 하다. 그들이 돌아갈 곳으로 부르며 그들이 죽음을 무릅쓸 곳을 보여 주면 그를 찾는 자가 이르러 올 것이다.

따라서 예를 다하고 나서 이를 후회한다면 사졸들이 더 이상 머물러 있으려 하지 아니할 것이며, 상을 주고도 이를 후회한다면 사졸들은 더 이상 부림을 당하려 하지 않을 것이다.

예와 상에 대하여 게을리 않게 되면 사졸들은 죽음을 다투게 될 것이다.

《軍讖》曰:「香餌之下, 必有懸魚; 重賞之下, 必有死夫.」
故禮者, 士之所歸; 賞者, 士之所死. 招其所歸, 示其所死, 則所求者至.
故禮而後悔者, 士不止; 賞而後悔者, 士不使.
禮賞不倦, 則士爭死.

【香餌】 향기로운 미끼.
【懸魚】 낚시에 걸려 올라오는 물고기.
【悔】 뒤에 그 방법을 고침. 시종여일하지 못함을 말함.
【土不使】 사졸(혹 선비)들이 더 이상 부림을 당하려 하지 않음.

020(上-20)
군대를 일으키기 전에 먼저 해야 할 일들

《군참》에 이렇게 말하였다.

"군대를 일으켜야 할 나라는 우선 먼저 은혜를 널리 베풀기에 힘쓰며, 적을 공격하여 취하고자 하는 나라는 우선 먼저 그 백성을 잘 기르기에 힘쓴다. 적은 수로 많은 무리를 상대하여 이길 수 있는 것은 은혜의 힘이며, 약한 자로서 강한 자를 상대하여 이길 수 있는 것은 백성의 힘이다."

그러므로 훌륭한 장수가 그 사졸을 길러 줌에 자신의 몸을 위하듯 하지 않는 경우가 없으니 그 때문에 삼군三軍을 능히 한 마음처럼 부릴 수 있다면 그 승리는 가히 완전하게 취할 수 있게 되는 것이다.

《軍讖》曰:「興師之國, 務先隆恩; 攻取之國, 務先養民. 以寡勝衆者, 恩也; 以弱勝强者, 民也.」

故良將之養士, 不易於身, 故能使三軍如一心, 則其勝可全.

【隆】 후하게 베풀어 줌.

【養民】《論語》公冶長篇에 "子謂子産:「有君子之道四焉: 其行己也恭, 其事上也敬, 其養民也惠, 其使民也義.」"라 함.

【不易於身】 자신과 똑같이 대우해 줌. 자신에게 하듯 함을 바꾸지 않음.

021(上-21)
천리 밖에서 식량을 조달해 오는 군대

《군참》에 이렇게 말하였다.

"용병의 요체는 반드시 먼저 적의 정세를 잘 살펴야 한다. 그들 창고를 살피며, 그들 식량을 헤아려 계산하고, 그들의 강약을 점쳐 보며, 그들이 천시와 지리를 관찰하며, 그들의 빈틈을 엿보아야 한다."

그러므로 나라가 전쟁의 위험이 없으면서 군량만 운송하고 있다면 그러한 나라는 가난하게 되고, 백성이 겨우 채소나 먹어 얼굴이 누렇게 되어 있다면 그러한 나라는 가난한 것이다. 식량을 천 리 밖에서 운송해 오는 나라는 그 백성이 주린 색이 나타날 것이며, 임시로 땔감을 구해 겨우 밥을 지어먹는 상태라면 그러한 군대는 평소 배불리 먹지 못하는 군대이다.

무릇 천 리 밖에서 식량을 운송해 온다면 그 군대 주위 천 리 면적에 사는 백성에게는 일년치의 식량이 없다는 뜻이며 2천 리 밖에서 식량을 구해 온다면 그들 주위에 2년치의 식량이 없다는 것이며, 3천 리 밖에서 구해 온다면 3년치의 식량이 없다는 것으로, 이를 일러 나라가 비었다고 한다. 나라가 공허하면 백성이 가난하고, 백성이 가난하면 상하가 서로 친할 수 없으니, 이를 일러 틀림없이 궤멸되고 만다 라고 말하는 것이다.

《軍讖》曰:「用兵之要, 必先察敵情: 視其倉庫, 度其糧食, 卜其強弱, 察其天地, 伺其空隙.」

故國無軍旅之難而運糧者, 虛也; 民菜色者, 窮也. 千里饋糧, 民有飢色; 樵蘇後爨, 師不宿飽.

夫運糧千里, 無一年之食; 二千里, 無二年之食; 三千里, 無三年之食, 是謂虛國.

國虛則民貧, 民貧則上下不親. 是謂必潰.

【度】 '탁'으로 읽음. 촌탁함. 헤아림. 계산함.

【樵蘇】 나무를 자르고 풀을 벰.

【爨】 불을 지펴 밥을 함.

【不宿飽】 宿은 '이틀 건너'의 뜻. 이틀 동안 배를 굶는 경우가 없도록 함.

【千里, 二千里, 三千里】 〈宋本〉에는 '百里'가 모두 '千里'로 되어 있으나 《武經七書滙解》에 의해 '千里' 단위로 봄. 그 밖에서 식량(군량)을 구해 온다면 그 주위 면적만큼의 농토에서는 이를 조달할 능력이 없음을 뜻함.

022(上-22)
망국의 징조

《군참》에 이렇게 말하였다.

"윗사람이 학대하면 아랫사람이 백성을 급하게 몰아 각박하게 굴게
되며, 부렴이 무겁고 잦으면 백성으로서 형벌에 걸려드는 자가 끝없이
늘어나게 된다. 이렇게 되면 백성들은 서로 잔포하여 못된 짓을 저지르게
된다. 이를 일러 망할 나라라 한다."

《軍讖》曰:「上行虐, 則下急刻. 賦重斂數, 刑罰無極, 民相殘賊, 是謂
亡國.」

【急刻】'급하고 각박하게 굶'의 뜻.
【賦斂】세금.
【數】잦음. '삭'으로 읽음.
【殘賊】못된 짓을 저지름.

撞　車

撞車上設
撞木制如
撞以榨油
法撞以鑱葉
裹其首逐
便移從伺
飛梯臨城
則撞之

三才圖會　器用五卷　十九

風扇車

風扇車二柱二枕
高闊約地道能容
上施轉軸軸四面
施方耳凡地道中
遇敵人用扇颺石
炭簸火迸可以害
敵人

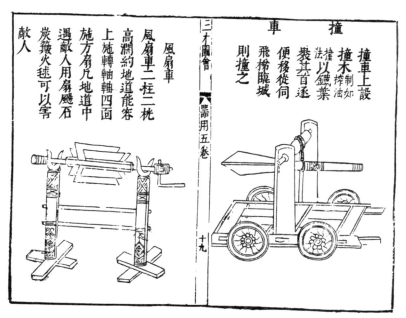

《三才圖會》에 실려 있는 고대 각종 전투 장비

023(上-23)
도둑질의 발단

《군참》에 이렇게 말하였다.

"안으로 탐욕을 가지고 있으면서 겉으로 청렴한 척하거나, 거짓으로 명예를 얻어 그 이름을 취한다거나, 공적인 것을 훔쳐 이를 은혜로 베푼다거나, 윗사람으로 하여금 아무것도 모르게 한다거나, 자신을 꾸며 얼굴을 바른 척하면서 높은 자리를 얻는 경우가 있다면 이를 일러 도둑질의 시작이라 말한다."

《軍讖》曰:「內貪外廉, 詐譽取名, 竊公爲恩, 令上下昏. 飾躬正顔, 以獲高官, 是謂盜端.」

【竊公爲恩】 공적인 물건을 훔쳐 이를 남에게 베풀며 은혜인 것으로 여김.
【盜端】 도둑질의 發端. 도둑질의 시작이 됨을 뜻함.

馬上諸器圖

鞍　轡　鈴　踏鐙　鞭

三才圖會　器用五卷　四

鞍轡　桓寬鹽鐵論曰古者繩鞍草是皮薦而已後代以
革鞍而不歸釋文轡拂也言牽引拂類以制馬也轡之為
飾有銜勒鑣羈輭韁之類銜銜在口中之義勒絡也絡其
頸而引之鑣包也在旁包斂其口也羈檢也所以待制之
也韁疆也繫之使不得出疆限也韁亦曰勒韁者控制之

義
鞭　說文所為驅運者也古用革以為之左傳雖鞭之長
不及馬腹是也後世代之以竹故或謂之策蓋策之以箠
馬太王校馬箠去邠是也

《三才圖會》에 실려 있는 고대 각종 전투 장비

024(上-24)
혼란의 근원

《군참》에 이렇게 말하였다.

"여러 관리들이 당을 지어 각기 자신들이 친한 자들에게 다가가며, 간악하고 잘 굽히는 자를 초빙하여 거용하며, 어질고 똑똑한 자를 억눌러 꺾어 버리며, 공적인 것을 등치고 사사로운 것을 세우며, 같은 직위에 있는 자들끼리 서로 헐뜯는 경우가 있다면 이를 일러 난의 근원이라 한다."

《軍讖》曰:「群吏朋黨, 各進所親, 招擧姦枉, 抑挫仁賢, 背公立私, 同位相訕, 是謂亂源.」

【朋黨】서로 결집하여 자신과 다른 사람을 배척하는 무리들. 徒黨.
【枉】정직하지 못함.
【訕】남을 헐뜯고 조롱함. '산'으로 읽음.《論語》陽貨篇에 "子貢曰:「君子亦有惡乎?」子曰:「有惡: 惡稱人之惡者, 惡居下流而訕上者, 惡勇而無禮者, 惡果敢而窒者.」曰:「賜也亦有惡乎?」「惡徼以爲知者, 惡不孫以爲勇者, 惡訐以爲直者.」" 라 하고 朱熹 주에 "訕, 謗毁也"라 함.

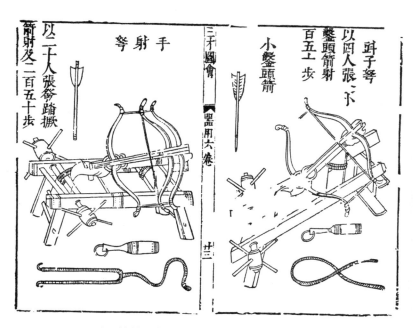

《三才圖會》에 실려 있는 고대 각종 전투 장비

난의 화근

《군참》에 이렇게 말하였다.

"지방의 강한 토호가 간악한 무리를 불러모아 지위도 없으면서 높임을 받고, 그 위세는 떨치지 못하는 곳이 없다. 그들의 관계는 마치 칡넝쿨처럼 서로 연결되어 남에게 덕을 심고, 은혜를 베풀어 자리에 있는 자의 권위를 빼앗으며, 아래 백성을 침범하여 속이고 있다. 나라 안이 이 때문에 시끄러운데도 신하가 그러한 소문을 막고 있다면 이를 일러 난의 근원이라 한다."

《軍讖》曰:「強宗聚姦, 無位而尊, 威無不震. 葛藟相連, 種德立恩, 奪在位權, 侵侮下民. 國內嘩喧, 臣蔽不言, 是謂亂根.」

【強宗】 토호. 지역에서 인구가 많고 세력이 강한 자.
【葛藟】 칡과 등나무 덩굴. 부호들의 복잡한 관계와 세력 형성을 비유함. '葛蕾'로도 표현함.

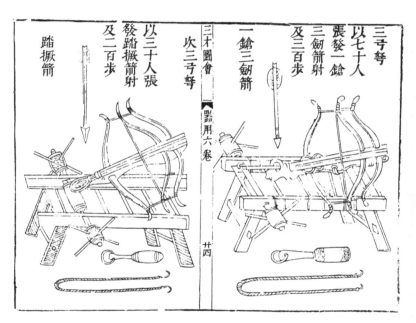

《三才圖會》에 실려 있는 고대 각종 전투 장비

026(上-26)
나라의 간신

《군참》에 이렇게 말하였다.

"대를 이어 간악한 짓을 하며, 임금의 권위를 침범하여 도적질하며, 진퇴에 제멋대로 자기 편한 대로 하며, 법조문 따위도 자기 마음대로 굽혀 농간을 부려 그 임금을 위험한 지경에 빠지게 한다면, 이를 일러 나라의 간신이라 한다."

《軍讖》曰:「世世作姦, 侵盜縣官, 進退求便, 委曲弄文, 以危其君, 是謂國姦.」

【縣官】여기서는 天子를 가리킴. 西漢 시대 천자를 현관으로 불렀음.
【委曲弄文】법조문을 제멋대로 해석함.

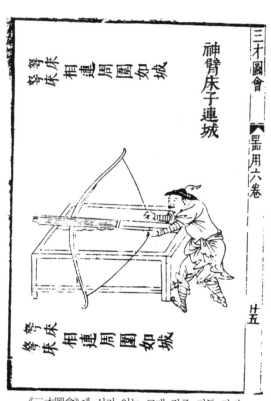

《三才圖會》에 실려 있는 고대 각종 전투 장비

나라가 대신 허물을 뒤집어쓴다

《군참》에 이렇게 말하였다.

"관리만 많고 백성은 적으며, 존비가 서로 똑같이 취급되며, 강약이 서로 침로侵虜하는데도 가서 이를 금하거나 막을 수 없게 되면 그 화는 군자에게까지 미치며, 나라가 그 허물을 뒤집어쓰게 된다."

《軍讖》曰:「吏多民寡, 尊卑相若, 强弱相虜, 莫適禁禦, 延及君子, 國受其咎.」

【强弱相虜】 강한 자는 약한 자를 괴롭히고, 약한 자는 강한 자에게 대듦.
【適】 '가다'(之)의 뜻.
【君子】 옛날에는 정당한 지위에 있으면서 다스림의 업무를 도덕적으로 바르게 수행하는 자를 군자라 하였음.

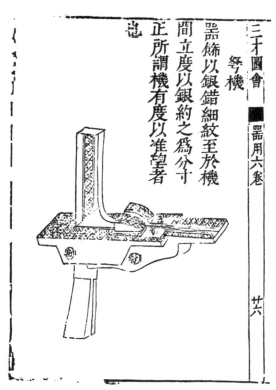

正所謂機有度以准望者
間立度以銀約之爲分寸
器篩以銀錯細紋至於機
弩機
三才圖會　器用六卷

廿六

《三才圖會》에 실려 있는 고대 각종 전투 장비

028(上-28)
나라가 대신 손해를 본다

《군참》에 이렇게 말하였다.

"어진 이를 어질게 여긴다고 하면서 도리어 이들을 등용하지 아니하고, 악한 자를 악하다 여기면서 도리어 그들을 물리치지 못하며, 똑똑한 자는 숨기고 가려 나서지 못하게 하고, 불초한 자를 높은 지위에 앉히면 나라가 그 해를 입게 된다."

《軍讖》曰:「善善不進, 惡惡不退, 賢者隱蔽, 不肖在位, 國受其害.」

【善善】선한 사람을 선하게 대접함.
【惡惡】'오악'으로 읽음. 악한 자를 미워함.
【不肖】똑똑하지 못함. '不肖其父'의 줄인 말로 '賢'의 상대어.

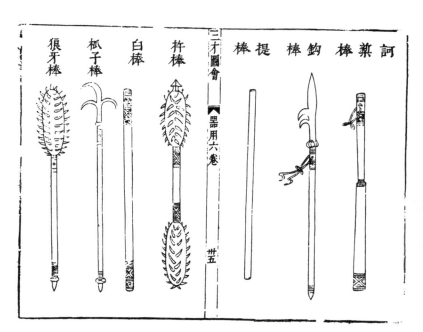

《三才圖會》에 실려 있는 고대 각종 전투 장비

029(上-29)
가지와 잎이 너무 무성하면

《군참》에 이렇게 말하였다.

"가지와 잎이 너무 무성하다거나, 서로 작당한 무리들이 세력을 차지하거나, 비천한 자가 귀한 자를 능멸하여 오랜 시간을 두고 이들이 더욱 강대해졌는데도 이를 차마 폐기시키지 못한다면, 나라가 그 실패를 뒤집어쓰게 된다."

《軍讖》曰:「枝葉强大, 比周居勢, 卑賤陵貴, 久而益大; 上不忍廢, 國受其敗.」

【枝葉】金枝玉葉과 같음. 권세가의 자녀. 종실의 방계세력.
【比周】서로 결당하여 세력을 모음.《論語》爲政篇에 "子曰:「君子周而不比, 小人比而不周.」"라 하고 朱熹 주에 "周, 普徧也. 比, 偏黨也. 皆與人親厚之意, 但周公而比私耳"라 하였으며 孔安國은 "忠信爲周, 阿黨爲比"라 하였고, 邢昺은 "言君子常行忠信, 而不私相阿黨"이라 함.

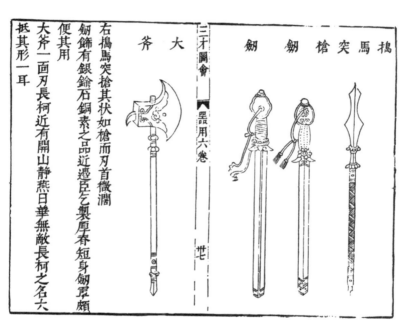

《三才圖會》에 실려 있는 고대 각종 전투 장비

030(上-30)
총애만으로 부귀해지는 신하

《군참》에 이렇게 말하였다.

"임금 측근의 영행지신이 윗자리에 있어 한 군대 전체가 불만을 터뜨리고 있는데도 그들은 위세를 끌어들여 자신에게 유리하게 처리하거나, 위배된 자들을 동원하여 무리의 입을 막으려 들며, 그들의 진퇴에는 원칙도 없고 구차한 행동으로 임금의 사랑을 취한다고 하자. 그리고 모든 것을 자신의 뜻에 맞추어 독선적으로 처리하며, 모든 행동에는 자신의 공을 자랑하기에 급급하며, 풍성한 덕을 가진 자를 비방하기에 바쁘고, 남을 속이는 말이 일상이 되어 있으며, 선함과 악함에 대하여 전혀 구분하지 아니하고 그저 자신과 같다면 감싸 주며, 처리해야 할 일은 언제나 미루고 명령도 통하지 아니하며, 가혹한 정치를 만들어 내며 옛날 훌륭한 법을 고치고 지금의 상례를 바꾸고 있는데도 만약 그러한 영행지신을 등용한다면, 틀림없이 화앙禍殃을 입고 말 것이다."

《軍讖》曰:「佞臣在上, 一軍皆訟, 引威自與, 動違禦衆. 無進無退, 苟然取容. 專任自己, 擧措伐功, 誹謗盛德, 誣述庸庸; 無善無惡, 皆與己同, 稽留行事, 命令不通, 造作苛政, 變古易常. 若用佞人, 必受禍殃.」

【佞臣】능력은 전혀 없으면서 임금에게 총애를 입어 높은 자리를 차지하거나
　부귀를 누리는 신하. 佞幸之臣을 뜻함.《史記》에 佞幸列傳이 있음.
【訟】의논이 분분하며 여론이 들끓음.
【引威自與】위세를 끌어들여 마음대로 함.
【取容】임금의 환심을 끌고자 표정을 다듬음.
【誣述庸庸】옳지 않은 말로 용렬한 일을 진술함.
【擧措】평소의 모든 행동.

031(上-31)
백성의 마음을 얻어야

《군참》에 이렇게 말하였다.

"간웅이 서로 칭찬하면서 임금의 밝은 판단을 가려 버리고 헐뜯음과 칭찬이 함께 일어나 임금의 총명함을 막아 버리며, 각기 사사로운 자들끼리 아부하여 임금으로 하여금 그에게 충성할 자를 잃게 하도다."

그러므로 임금은 서로 다른 말을 잘 살펴보아야 그 싹을 볼 수 있으며, 임금으로서 유현儒賢을 초빙하여야 간악한 영웅들이 숨어 버리며, 임금이 구관과 나이 많은 이들을 임용해야 만사가 이치대로 다스려지며, 임금으로서 숨어 사는 선비를 초빙해야 선비들이 이에 그 실질을 얻게 되며, 모책이 일반 백성에게까지 미치도록 되어야 그 성공을 가히 기술할 수 있으며, 백성의 마음을 잃지 않아야 덕이 이에 넘치게 된다.

《軍讖》曰:「姦雄相稱, 障蔽主明; 毁譽併興, 壅塞主聰; 各阿所私, 令主失忠.」

故主察異言, 乃覩其萌; 主聘儒賢, 姦雄乃遯; 主任舊齒, 萬事乃理; 主聘巖穴, 士乃得實; 謀及負薪, 功乃可述; 不失人心, 德乃洋溢.

【毁譽并興】서로 비방과 칭찬이 생겨남.

【各阿所私】각기 자신의 사사로운 이익을 위하여 아부함.

【儒賢】학자와 어질고 똑똑한 자들.

【巖穴】똑똑하고 긍지가 있어 정치에 참여하지는 않은 채 가난을 지키며 바위 틈에나 굴에서 사는 자들. 흔히 狂簡한 선비를 일컫는 말로 쓰임.

【負薪】땔감을 지고 가는 사람. 벼슬이 없는 일반 백성을 가리킴.

삼략

齊桓公

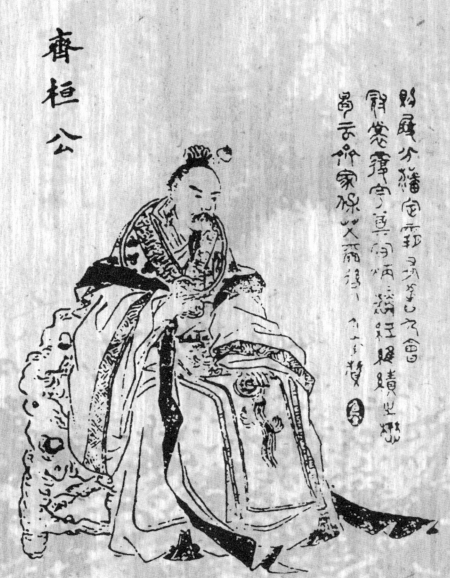

財用分繪宜罷日夜[?]之會
開發霸字真何兩[?]狂服[?]世卿
魯云[?]家保其[?]兩待[?]斯[?]黄[印]

중략 中略

　이 책의 본문에 이미 '〈중략中略〉은 덕행의 차이를 밝히며 권변을 심찰하는 내용'(〈中略〉差德行, 審權變)이라 하고, '(임금 된 자가) 이 중략을 깊이 알게 되면 능히 장수를 제어하고 무리를 통치할 수 있다'(深曉 〈中略〉, 則能御將統衆)라 하였다.(040 참조)

　중략은 주로 제(五帝)와 왕자(三王), 그리고 패자(五霸)에 대하여 역사 발전에 따라 상벌과 법령으로 다스릴 수밖에 없는 경우가 생겨났음을 밝히고 있다. 특히 《삼략三略》이라는 책은 바로 '도덕이 쇠미해 가는 시대를 위하여 지은 것'이니 임금이 성쇠를 관찰하고 득실을 따져 보아 이를 바탕으로 천하를 제압하여야 함(觀盛衰, 度得失, 而爲之制)을 주장하였다. 아울러 전쟁을 치르고 나서 군권을 회수하며 장군의 발호를 막기 위해 제후로 봉하고 재물로 보상하는 것은 패자의 책략이며, 이를 통해 신하와 장수로서는 세운 공을 온전히 하고 자신을 보호(人臣深曉 〈中略〉, 則能全功保身)하는 상대적 호혜를 얻게 된다고 설명하여 매우 특이하고 색다른 이론을 제시하고 있다.

삼황과 오제, 그리고 삼왕과 오패

　무릇 삼황三皇은 아무런 말이 없었지만 그 교화는 사해四海에 두루 퍼져 나갔다. 그 때문에 천하 사람들이 그 공을 누구에게 돌려야 할지 알 수 없을 정도였다.

　제왕(五帝)이란 하늘과 땅을 몸으로 실천하며 법으로 여기는 것이니, 그의 말과 명령이 있음으로써 천하가 태평을 누리는 것이다. 임금과 신하가 서로 그 공을 양보하여 사해에 교화가 행해지되 백성은 그렇게 되는 이유도 모르게 된다. 그러므로 신하라고 해서 예나 상으로 대우하도록 하지 않아도 되었으며, 공이 있으면 그것이 아름다운 것일 뿐 해는 되지 않았다.

다음으로 왕(三王)이란 사람을 제어하되 도로써 하였으며, 이로써 마음으로 항복하고 뜻으로 복종하였던 것이다. 법을 만들어 쇠약할 경우를 대비하였으며, 사해가 회동會同하여 왕의 직책이 폐지되지 않아 비록 갑병甲兵의 비축이 있었다 하나 전투의 근심은 없었던 것이다. 임금은 신하로부터 의심을 사지 않았고, 나라는 안정되고 임금은 안심하였으며, 신하는 신하대로 물러날 때 의롭게 하였으니, 역신 능히 아름다울 뿐 해는 없었다.

그런가 하면 패자(五覇)는 선비를 권세로써 제압하고 선비를 결속하되 믿음으로 하였으며, 선비로 하여금 상으로써 대우하였으므로 믿음이 쇠하면 선비는 흩어지게 마련이었으며, 상이 제대로 행해지지 않으면 선비는 그 목숨을 바치고자 하지 않게 되었다.

夫三皇無言而化流四海, 故天下無所歸功.

帝者, 體天則地, 有言有令, 而天下太平. 君臣讓功, 四海化行, 百姓不知其所以然. 故使臣不待禮賞, 有功, 美而無害.

王者, 制人以道, 降心服志, 設矩備衰, 四海會同, 王職不廢, 雖有甲兵之備, 而無鬪戰之患. 君無疑於臣, 臣無疑於主, 國定主安, 臣以義退, 亦能美而無害.

霸者, 制士以權, 結士以信, 使士以賞, 信衰則士疏, 賞虧則士不用命.

【三皇】전설 속의 인류 초기 세 황제.《史記》에는 天皇氏・地皇氏・泰皇氏를
들고 있으며,《河圖》에는 天皇氏・地皇氏・人皇氏를, 그리고《春秋緯運斗樞》
에는 伏羲氏・女媧氏・神農氏를,《白虎通》에는 伏羲氏・神農氏・祝融氏를,
《通鑑外紀》에는 伏羲氏・神農氏・共工氏를,《禮緯含文嘉》에는 燧人氏・伏羲氏・
神農氏를 가리키는 등 설이 분분함.

【帝】五帝를 가리킴. 고대 다섯 명의 聖人 帝王.《史記》五帝本紀에는 黃帝・
顓頊・帝嚳・唐堯・虞舜을 들고 있으며,《禮記》月令에는 太皥(伏羲氏)・炎帝
(神農氏)・黃帝(軒轅氏)・少昊(金天氏)・顓頊(高陽氏)을, 그리고《尙書》序에는
少昊・顓頊・帝嚳(高辛氏)・唐堯・虞舜을 들고 있는 등 역시 설이 분분하다.

【王】三王을 가리킴. 夏・殷・周 삼대의 개국 군주. 즉 夏禹・商湯・周 文王・武王
을 가리킨다.

【會同】제후가 함께 모여 천자를 조알함. 공동의 선을 위하여 의견을 같이 하며
종주국과 제후 사이의 질서를 존중함.

【霸】春秋五霸를 가리킨다.《史記》에는 齊桓公・晉文公・宋襄公・秦穆公・楚莊王
을 가리켰으나, 다른 기록에는 흔히 齊桓公・晉文公・楚莊王・吳闔閭・越句踐
등을 들기도 한다.

033(中-2)
독선을 부리지 말라

《군세軍勢》에 이렇게 말하였다.

"군대를 출동시키고 군사를 부림에, 장수라 하여 제멋대로 독선을
부리거나, 군대의 진퇴를 임금이 안에서 제어하면 성공은 거두기 어렵다."

《軍勢》曰: 「出軍行師, 將在自專, 進退內御, 則功難成.」

【軍勢】 고대 병법서. 지금은 전하지 않음.
【自專】 자기 마음대로 전횡함.
【內御】 임금이 안에서 다스림.

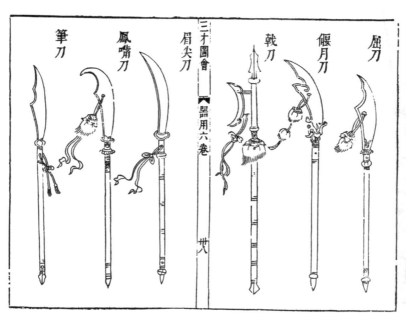

《三才圖會》에 실려 있는 고대 각종 전투 장비

034(中-3)
지혜와 용기, 탐욕과 어리석음을 교묘히 이용하라

《군세》에 이렇게 말하였다.

"지혜를 부리게 하며, 용기를 가지게 하며, 탐욕을 부리게 하며, 어리석음을 부리게 하라. 지혜라는 것은 그 공을 세우기를 즐거워하고, 용기란 그 뜻을 실행해 보기를 좋아하며, 탐욕이란 그 이익을 쫓아 내달리게 하며, 어리석음이란 그 죽음을 돌아보지 않게 한다. 그 지극한 본성을 바탕으로 이를 이용하는 것, 이것이 군대에서의 미묘한 권형權衡이다."

《軍勢》曰:「使智·使勇·使貪·使愚. 智者樂立其功, 勇者好行其志, 貪者邀趨其利, 愚者不顧其死. 因其至情而用之, 此軍之微權也」

【邀趨】 맞이하거나 달려가 이를 찾음.
【權】 權變, 權衡, 變通의 처리 방법. 군사 용어로 미묘한 차이를 말함. '權'은 原義가 '저울대'로서 그 기우는 정도의 미세한 무게를 잘 운용함을 뜻함.

手刀
掉刀
鞭

鞭容刀之鞭今

刀鞘也珌上飾

珌下飾戎服也

三才圖會　誓用六卷　廿九

按使刀無如倭子之妙然其刀法有數莖高而能識破者

禦之無難惟關王偃月刀刀勢既大其三十六刀法兵仗

遇之無不屈者刀類中以此爲第一馬上刀要長滇前過

馬首後過馬尾方善

右手刀一旁刃柄如劍掉刀刃首上澗長柄施鐏鍋刀

刃前銃後斜澗長柄施鐏其小別有筆刀此皆軍中常刃

其間徤鬭者競爲異製以自表故刀則有太平定我朝天

開山開陣劃陣偏刀車刀七首一名掉則有兩刃山字之

制要皆小異故不悉出

《三才圖會》에 실려 있는 고대 각종 전투 장비

035(中-4)
어진 이가 재물의 유혹에 걸려들지 않도록 하라

《군세》에 이렇게 말하였다.

"말 잘하는 자로 하여금 적의 훌륭함을 말하지 않게 하라. 아군 무리의 마음을 혹란惑亂하게 하기 때문이다. 어진 이로 하여금 재물을 중시하지 않게 하라. 그렇게 되면 그가 많은 베풂을 통해 아랫사람의 지지를 얻으려 할 것이기 때문이다."

《軍勢》曰:「無使辯士談說敵美, 爲其惑衆; 無使仁者主財, 爲其多施而附於下.」

【談說敵美】적이 훌륭하다고 말함. 적의 우세함을 진설함.
【附於下】아랫사람에게 환심을 사고자 함.

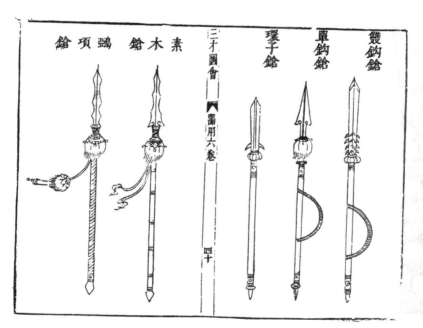

《三才圖會》에 실려 있는 고대 각종 전투 장비

036(中-5)
군대의 길흉을 점치지 못하게 하라

《군세》에 이렇게 말하였다.

"무축巫祝을 금하라. 그들로 하여금 군의 관리와 병사들에 대하여 군대의 길흉을 묻거나 점치는 일을 하지 못하게 하라."

《軍勢》曰:「禁巫祝, 不得爲吏士卜問軍之吉凶.」

【巫祝】 고대 귀신에게 기도하여 병을 고치기도 하고 점을 치기도 하는 직업. 《論語》子路篇에 "子曰:「南人有言曰:『人而無恆, 不可以作巫醫.』善夫!」「不恆 其德, 或承之羞.」子曰:「不占而已矣.」"라 함.
【卜】 '점을 치다'의 뜻.

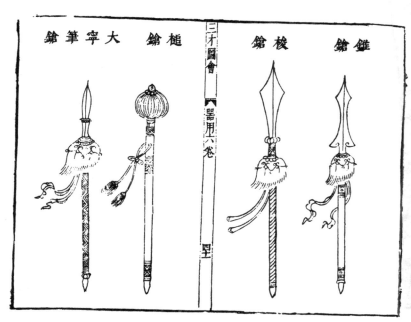

《三才圖會》에 실려 있는 고대 각종 전투 장비

지혜로운 자가 못된 임금을 위해 모책을 짜면

《군세》에 이렇게 말하였다.

"의사義士로 하여금 재물에 관심을 갖지 않도록 하라. 그러므로 의로운 사람에게 어질지 못한 일로 인해서 죽음으로 가도록 몰아서는 안 되며, 지혜로운 자에게 혼암한 군주를 위해서 모책을 세우는 일에 쓰이도록 해서는 안 된다."

《軍勢》曰:「使義士不以財. 故義者不爲不仁者死; 智者不爲暗主謀.」

【暗】昏暗함. 어둡고 용렬함. 옳지 못한 임금을 위해 모책을 내놓는 일에 머리가 좋은 자가 이용되어서는 안 됨을 말함.

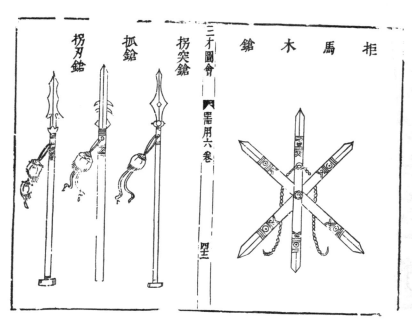

《三才圖會》에 실려 있는 고대 각종 전투 장비

038(中-7)
덕과 위엄을 알맞게 활용하라

　군주로서 덕이 없어서는 안 되느니, 덕이 없으면 신하가 배반하게 된다. 또한 위엄이 없어서는 안 되느니 위엄이 없으면 권세를 잃게 된다.
　한편 신하로서는 덕이 없어서는 안 되느니 덕이 없으면 임금을 섬길 수 없게 되고, 위엄이 없어서는 안 되느니 위엄이 없으면 나라가 약해진다. 그러나 위엄이 지나치게 많으면 그 몸이 엎어지게 된다.

　主不可以無德, 無德則臣叛; 不可以無威, 無威則失權.
　臣不可以無德, 無德則無以事君; 不可以無威, 無威則國弱, 威多則身蹶.

【身蹶】 신하의 권세가 너무 세면 임금의 위세를 엎어지게 함.

《三才圖會》에 실려 있는 고대 각종 전투법

궤휼과 기모를 쓸 수밖에

그러므로 성스러운 임금이 세상을 다스림에 세상의 성쇠盛衰를 관찰하고 득실을 따져 이를 운용하는 것으로 다스림을 삼는다.

그에 따라 제후는 이사二師를 가지며 방백方伯은 삼사를, 천자는 육사를 거느린다. 세상이 혼란하면 반역이 생겨나고, 왕의 은택이 다하고 나면 맹세한 자들이 서로 주벌하는 일이 생긴다.

덕이 같고 세력이 엇비슷하여 서로 기울지 않도록 해야 영웅심을 가진 자를 끌어 모을 수 있고, 여러 사람들의 호오好惡를 함께 한 연후라야 거기에 권변權變을 더 얹을 수 있는 것이다.

그러므로 계책을 세우지 아니하고는 혐의를 결정할 수 없고, 궤휼과 기모를 쓰지 아니하고는 간악한 무리와 도적을 깨뜨려 종식시킬 수 없으며, 음모가 아니고서는 성공을 거둘 수 없는 것이다.

故聖王御世, 觀盛衰, 度得失, 而爲之制.

故諸侯二師, 方伯三師, 天子六師.

世亂則叛逆生, 王澤竭, 則盟誓相誅伐.

德同勢敵, 無以相傾, 乃攬英雄之心, 與衆同好惡, 然后加之以權變.

故非計策, 無以決嫌定疑; 非譎奇, 無以破姦息寇, 非陰謀無以成功.

【師】주나라 군제에 一師는 2천 5백 명이며, 天子는 六師, 제후로서 대국은 三師, 그 다음은 二師, 소국은 一師를 둘 수 있었음.

【方伯】제후의 우두머리, 제후국의 군주.

【王澤竭】왕의 은택이 다함. 왕권이 쇠락함.

【盟誓】종주국 천자와 제후국 사이에 맺은 서약.

【權變】저울대의 기울기를 스스로 주재하여 그 변화를 관장함. 주도권을 잡고 모든 변화에 대응함을 말함.

삼략의 내용과 효용

　성인은 하늘의 원리를 몸으로 체득하고, 어진 이는 땅의 원리를 법으로 삼으며, 지혜로운 자는 옛것을 스승으로 삼는다.

　이러한 까닭으로 이 《삼략》은 난세를 위해서 쓰여진 책이다.

　〈상략〉은 예禮와 상賞을 설치하는 것과 간웅을 변별하는 방법, 성공과 실패의 드러남에 대한 내용이며, 〈중략〉은 덕행의 차이와 권변에 대한 심찰審察을 다루었으며, 〈하략〉에서는 도덕을 진술하고 안위를 살피며 적현賊賢에 따른 허물을 명확히 하여야 함을 다루었다.

　그러므로 임금 된 자로서 〈상략〉에 대하여 밝히 알고 나면 능히 어진 이를 임용하여 적을 사로잡을 수 있으며, 〈중략〉에 대하여 매우 깊이 알았다면 장수를 제어하고 무리를 통괄할 수 있게 되며, 〈하략〉에 대하여 깊이 알고 났다면 능히 성쇠의 근원을 밝히고 치국의 기틀을 심찰할 수 있게 되리라.

　그리고 신하로써 〈중략〉에 대하여 깊이 알고 나면 자신이 세운 공을 온전히 하고 그 몸을 보전할 수 있을 것이다.

聖人體天, 賢者法地, 智者師古.

是故《三略》爲衰世作.

〈上略〉設禮賞, 別姦雄, 著成敗. 〈中略〉差德行, 審權變. 〈下略〉
陳道德, 察安危, 明賊賢之咎.

故人主深曉〈上略〉, 則能任賢擒敵; 深曉〈中略〉, 則能御將統衆;
深曉〈下略〉, 則能明盛衰之源, 審治國之紀.

人臣深曉〈中略〉, 則能全功保身.

【體天】 하늘의 변화를 몸으로 살펴 인사에 이를 활용함.
【差】 구분.
【賊】 상해를 입힘.

041(中-10)
병권을 거두어들이는 방법

    무릇 높이 나는 새가 죽고 없어지고 나면 좋은 활은 창고로 들어가는 법이며, 적국이 멸망하고 나면 모책을 만들던 신하가 사라지고 말 것이다. 여기서 사라지고 없다는 것은 그 몸을 상실하는 것이 아니라 그 위세를 빼앗기고 그 권위가 폐기당함을 말한다.

    이리하여 대신 그러한 자에게 조정에서 그에게 봉지를 주어 남의 신하로서 최고의 직위에 앉아 그 공을 드러내게 되며, 중주中州의 가장 좋은 땅을 받아 그 집안을 부유하게 해 주며, 아름다운 여자와 진귀한 물건을 받아 그 마음이 즐겁도록 해 준다.

무릇 사람의 무리란 일단 한 번 하나로 합치고 나면 쉽게 해산시킬 수 없고, 위엄과 권세란 일단 한 번 주고 나면 쉽게 이를 옮기게 할 수 없다. 군사를 소환하고 그 군대를 해산시킬 때가 바로 존망의 중요한 시점이다. 그러므로 이를 약화시키되 지위를 주는 것으로써 하고, 이를 빼앗되 제후국으로 봉하는 방법으로 하는 것이다. 이를 일러 패자霸者의 책략이라 한다.

그러므로 패자의 행동이란 잡박하며 순수하지 못하다고 논란을 일으킨다. 사직을 보존하고 영웅을 거두어들이는 것은 〈중략〉에서 형세를 보면 된다.

그러므로 대대로 군주는 이를 비결秘訣로 삼는 것이다.

夫高鳥死, 良弓藏; 敵國滅, 謀臣亡. 亡者, 非喪其身也. 謂奪其威 ·
廢其權也.

封之於朝, 極人臣之位, 以顯其功, 中州善國, 以富其家. 美色珍玩,
以說其心.

夫人衆一合而不可卒離, 威權一與而不可卒移. 還師罷軍, 存亡之階.

故弱之以位, 奪之以國, 是謂霸者之略.

故霸者之作, 其論駁也. 存社稷, 羅英雄者, 〈中略〉之勢也.

故世主秘焉.

【中州】 중원지역을 가리킴. 흔히 中國으로도 씀.

【善國】 가장 좋은 封地.

【說】 '悅'과 같음.

【卒】 '猝'과 같음.

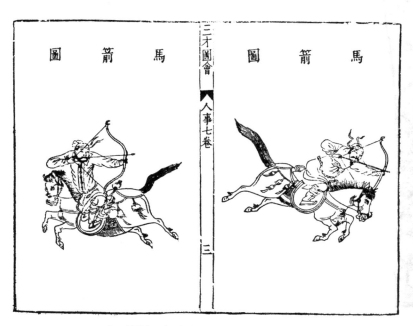

《三才圖會》에 실려 있는 고대 각종 전투법

삼략

吳王夫差
差

父讎不敢忘
此志可知矣一朝
南面王令甘言若告忠言誠逆年禍焉
保城府此士階方免美人官千秋行樂及偉身外
非吞伍顥歎吳之兒今不突於古 野鴻

하략下略

   이 책의 본문에 이미 '〈하략下略〉은 도덕을 진술하고 안위를 관찰하며 적과 어진 이에 따른 허물을 명확히 하는 내용'(〈下略〉 陳道德, 察安危, 明賊賢之咎)이라 하고, '(그러므로 임금 된 자가) 이 하략을 깊이 알게 되면 능히 성쇠의 근원을 밝힐 수 있고 치국의 근본을 심찰할 수 있다'(深曉〈下略〉, 則能明盛衰之源, 審治國之紀)라 하였다. (040 참조)

   하략은 도덕적인 통치술이 주를 이루고 있어 유가적 측면이 강하다. 인의도덕을 근간으로 하여 백성을 다스리며 백성에게 충분한 휴식을 제공해야 부국강병을 이룰 수 있다고 주장하고 있다. 이에 따라 구체적으로 인심을 얻어야 하며, 어진 이를 등용하고 간악한 자를 멀리하며, 악을 징벌하고 선을 선양하되 그것으로 불가능할 경우 부득이 무력을 사용하도록 일러 주고 있다.

위험의 시작과 망함의 징조

　무릇 능히 천하의 위험을 구제하는 자는 천하의 안정을 거머쥐게
되며, 천하의 근심을 제거하는 자는 천하의 즐거움을 누리게 되고,
천하의 재앙을 구원하는 자는 천하의 복을 얻는다.

　그러므로 그 은택이 백성에게까지 미치면 어진 이가 돌아오고, 그
은택이 곤충같은 미물에게까지 미치면 성인이 돌아온다. 어진 이가
돌아오면 그 나라가 강해지고, 성인이 돌아오면 육합六合이 화동和同
하게 된다.

　어진 이를 구하되 덕으로써 하며, 성인을 오게 하되 도로써 해야
한다. 어진이가 떠나면 나라가 미약해지고, 성인이 떠나면 나라가 뒤틀
리고 만다. 미약함이란 위험이 시작되는 계단이요, 뒤틀림이란 망함이
시작되는 징조이다.

　夫能扶天下之危者, 則據天下之安; 能除天下之憂者, 則享天下
之樂; 能救天下之禍者, 則獲天下之福.

　故澤及於民, 則賢人歸之; 澤及昆蟲, 則聖人歸之. 賢人所歸, 則其
國强; 聖人所歸, 則六合同.

　求賢以德, 致聖以道. 賢去則國微, 聖去則國乖. 微者危之階, 乖者
亡之徵.

【六合】천지와 동서남북. 천하를 가리킴.
【同】화합을 이루어 같아짐.

043(下-2)
음악이란 무엇인가

　어진 이의 정치는 자신이 몸소 실천함으로써 사람을 순종토록 하며, 성인의 정치는 자신의 마음으로 남을 대하여 순종토록 한다. 몸소 실천함을 가지고 순종시키니 시작을 도모할 수 있고, 마음으로 순종토록 하니 그 끝을 잘 보존할 수 있는 것이다.

　몸소 실천함으로 복종시키는 것은 예로써 하기 때문이요, 마음을 복종시키는 것은 음악으로써 하기 때문이다.

　소위 음악이라는 것은 금석사죽金石絲竹을 가리키는 것이 아니라 사람이 그 자신의 집을 즐겁게 여김을 말하며, 그 가족을 즐겁게 여기며, 그 생업을 즐겁게 여기며, 자신이 사는 그 도읍을 즐겁게 여기며, 그들이 살고 있는 나라의 정치와 법령을 즐겁게 여기며, 그들이 지키는 도덕을 즐겁게 여김을 말한다.

　이와 같이 하고 나면 임금이 이에 음악을 지어 이를 절조에 맞추어 그 화합을 놓치지 않는 것이다.

　그러므로 덕이 있는 임금은 음악으로써 사람을 즐겁게 하며, 덕이 없는 임금은 음악을 자신이 즐기는 데에 사용한다. 남을 즐겁게 해 주는 자는 오래도록 그 권세가 지속될 것이지만, 자신의 즐거움만을 위하는 자는 오래가지도 못하고 망하게 될 것이다.

賢人之政, 降人以體; 聖人之政, 降人以心. 體降可以圖始, 心降可以保終.

降體以禮, 降心以樂.

所謂樂者, 非金石絲竹也, 謂人樂其家, 謂人樂其族, 謂人樂其業, 謂人樂其都邑, 謂人樂其政令, 謂人樂其道德.

如此, 君人者, 乃作樂以節之, 使不失其和.

故有德之君, 以樂樂人; 無德之君, 以樂樂身. 樂人者, 久而長; 樂身者, 不久而亡.

【禮樂】 '禮'는 사회 질서를 이끌어 가기 위한 도덕 규범을 뜻하며, '樂'은 사람의 심정을 도야하여 선을 행하도록 유도하는 음악이라는 뜻으로 풀이된다. 《禮記》 文王世子에 "樂所以修內也, 禮所以修外也"라 함.

【金石絲竹】 금은 쇠붙이 악기(나팔·종·징 따위), 석은 돌로 만든 악기(편경 등), 사는 현악기의 총칭, 죽은 대나무로 만든 관악기의 총칭.

【樂其家】 여기서의 '樂'은 음이 '락'이다. 그 아래 같은 유형의 구절은 모두 같다.

【以樂樂人】 앞의 樂은 '악'(음악), 뒤의 樂자는 '락'이다. 그 아래 문장이나 구절에서도 '음악'과 '즐겁다'의 글자가 적절히 배합되어 있다.

044(下-3)
겉으로 성공했으나 실패할 수밖에 없는 정책

가까운 것은 저버려 두고 먼 곳을 정벌하는 데에만 힘을 쓰는 자는 노고롭기만 할 뿐 공은 없다. 먼 곳은 저버려 두고 가까운 내부의 일만 도모하는 자는 편안하면서도 좋은 결과를 얻을 수 있다.

정치를 편하게 하면 충성스러운 신하가 많아지게 되고, 정치를 노고롭게 하면 원망하는 백성이 많아지게 된다.

그러므로 "영토를 넓히는 데 힘을 쏟는 자는 황폐해지며, 덕을 넓히는데 힘쓰는 자는 강해지며, 능히 자신이 소유하고 있는 것을 가진 것으로 느끼는 자는 편안하고, 남이 가진 것을 탐내는 자는 잔혹해진다"라 한 것이다.

잔폐하게 멸절시키는 정치는 몇 세대를 두고 그 환난을 받으며, 과도한 제압을 만들어 내는 것은 비록 성공할 수는 있겠지만 틀림없이 패하고 말 것이다.

釋近謀遠者, 勞而無功, 釋遠謀近者, 佚而有終. 佚政多忠臣, 勞政多怨民.

故曰:「務廣地者荒, 務廣德者强; 能有其有者安, 貪人之有者殘.」

殘滅之政, 累世受患; 造作過制, 雖成必敗.

【釋近謀遠】 내부의 중요한 일을 소홀히 하면서 외부의 정벌에만 힘씀을 뜻함.

【佚】 '逸'과 같으며 편안함. '勞'의 상대적인 표현.

【佚政】 백성을 쉬게 하고 생식할 수 있도록 하는 정책.

045(下-4)
자신부터 바르게 하고

　자신을 버리고 남을 교화시키는 것은 이치를 거스르는 것이요, 자신부터 바르게 하고 남을 가르치는 것은 순리에 맞는 것이다. 거스름이란 난亂을 부르는 것이요, 순리라는 것은 다스림의 요체이다.

　舍己而教人者逆, 正己而化人者順. 逆者亂之招, 順者治之要.

【舍】 '捨'와 같음. '버리다'의 뜻.

《三才圖會》에 실려 있는 고대 각종 전투법

046(下-5)
다섯 가지 덕목

도道·덕德·인仁·의義·예禮 이 다섯 가지는 하나의 몸이다. 도란 사람이 밟고 가는 땅이요, 덕이란 사람이 얻어 쓰는 물건이며, 인이란 사람이 친히 여겨야 할 기본이요, 의란 사람이 마땅히 해야 할 의무이며, 예란 사람이 실천해야 할 조건이니 이 가운데 하나라도 없어서는 안 되는 것이다.

그러므로 아침 일찍 일어나고 밤늦어 잠자리에 들면서 열심을 다하라는 것은 예의 제도이며, 도적을 토벌하고 원수를 갚도록 한 것은 의의 결정이며, 측은한 마음을 갖도록 한 것은 인의 발단이며, 자신이 얻은 것을 남도 얻도록 함은 덕의 길이다. 이를 모두 묶어 사람으로 하여금 균등하게 하고 공평하게 하여 그들의 처소를 잃지 않도록 하는 것이 도의 교화이다.

道, 德, 仁, 義, 禮, 五者一體也. 道者, 人之所蹈; 德者, 人之所得; 仁者, 人之所親; 義者, 人之所宜; 禮者, 人之所體, 不可無一焉.

故夙興夜寐, 禮之制也. 討賊報仇, 義之決也. 惻隱之心, 仁之發也. 得己得人, 德之路也.

使人均平, 不失其所, 道之化也.

【五者】道·德·仁·義·禮를 풀이하면서 대체로 雙聲, 혹 疊韻의 글자를 택하여 해석하여 왔음. 즉 道=蹈, 德=得, 仁=親, 義=宜, 禮=體로 풀이하고 있다. 한편 《孟子》 離婁(上)에는 "仁, 人之安宅也; 義, 人之正路也. 曠安宅而弗居, 舍正路而不由, 哀哉!"라 함.

【夙興野寐】이른 새벽에 일어나고 늦은 밤에 잠자리에 들며 열심히 맡은 일을 수행함.

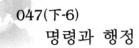
명령과 행정

　임금에게서 나와 신하에게 하달되는 것을 이름하여 명命이라 하고, 죽백에 이를 기록하는 것을 이름하여 영令이라 하며, 이를 받들어 실행하는 것을 일러 정政이라 한다.

　무릇 명이 잘못되면 영이 실행되지 못하고, 영이 실행되지 못하면 정치가 바르지 못하게 되고, 정치가 바르지 못하면 도가 통하지 못하고, 도가 통하지 못하면 사악한 신하가 기승氣勝을 부리고, 사악한 신하가 득세하면 임금의 위세가 손상을 입는다.

　出君下臣名曰命, 施於竹帛名曰令, 奉而行之名曰政.

　夫命失, 則令不行; 令不行, 則政不正; 政不正, 則道不通; 道不通, 則邪臣勝; 邪臣勝, 則主威傷.

　【竹帛】옛날 종이가 발명되기 전에 竹簡이나 비단에 글씨를 써서 기록을 남긴 것.

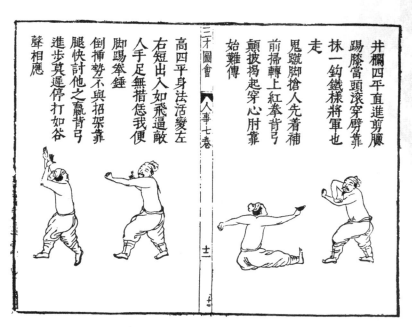

井欄四平直進剪廠
踢膝當頭滾穿劈靠
抹一鉤鐵樣將軍也
走
鬼蹴脚搶人先着補
前掃轉上紅拳背弓
顛披揭起穿心肘靠
始難傳
高四平身法活變左
右短出入如飛逼敵
人手足無措恁我便
脚踢拳錘
倒捕勢不與招架靠
腿快討他之飆背弓
進步其遅停打如谷
聲相應

三才圖會　人事七卷　十一

《三才圖會》에 실려 있는 고대 각종 전투법

048(下-7)
천리 밖에 있는 현인

천리 밖일지라도 어진 이라면 모셔와야 되니 그 길은 먼 것이요, 불초한 이를 구하고자 한다면 그 길은 가깝다. 이 까닭으로 명석한 왕이라면 가까울지라도 이를 버리고 먼 곳일지라도 이를 취한다.

그러므로 능히 이루어 놓은 공을 온전히 하고, 사람을 숭상하여 그 아랫사람이 자신의 힘을 다 쏟아 내도록 하는 것이다.

千里迎賢, 其路遠; 致不肖, 其路近, 是以明王舍近而取遠.
故能全功尚人, 而下盡力.

【不肖】똑똑하지 못함. '不肖其父'의 줄인 말로 '賢'의 상대어.

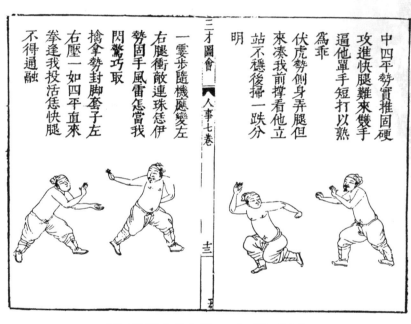

《三才圖會》에 실려 있는 고대 각종 전투법

049(下-8)
하나를 얻고 만을 잃는 정치

하나의 선만을 폐기한다 해도 모든 선들이 다 쇠미해질 것이며, 하나의 악한 자를 상 주기만 해도 모든 악이 다 모여들 것이다.

선하면 그에게 복을 얻도록 하고, 악하면 그에게 주벌을 받도록 한다면 나라는 안녕을 얻고 백성들은 선에 이를 것이다.

많은 무리가 의심을 하면 나라를 안정시킬 수 없고, 많은 무리가 의혹을 사면 백성을 부릴 수 없다. 의심을 안정시키고 의혹을 되돌려야 나라가 곧 안녕을 얻을 수 있게 된다.

廢一善, 則衆善衰; 賞一惡, 則衆惡歸.

善者得其祐, 惡者受其誅, 則國安而衆善至.

衆疑無定國, 衆惑無治民. 疑定惑還, 國乃可安.

【疑定惑還】 의심이 없도록 확정하며 의혹이 있는 부분은 되돌려 이를 풀어 줌. '還'은 '旋'과 같음.

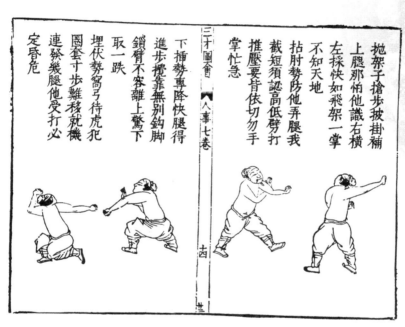

抛架子搶步披掛補
上腿那怕他識右橫
左採快如飛架一掌
不知天地
拈肘勢防他弄腿我
截短須認高低劈打
推壓要背依切勿手
掌忙急

三才圖會

人事七卷

下挿勢專降快腿得
進步攬靠無別鈎脚
鎖臂不容離上驚下
取一跌
埋伏勢窩弓待虎犯
圈套寸步難移就機
連䔏幾腿他受打必
定昏危

西

世

《三才圖會》에 실려 있는 고대 각종 전투법

050(下-9)
하늘의 도리를 거역하는 정치

하나의 법령만 거꾸로 가도 백 가지 법령을 잃게 되고, 하나의 악만 시행해도 백 가지 악이 집결한다.

그러므로 선은 순종하는 백성에게 베풀고, 악은 흉한 백성에게 책임을 물어야 한다. 그렇게 되면 법령은 시행되면서도 원망이 없게 된다.

원한을 가진 자로 하여금 원한을 다스리게 하는 것, 이를 일러 역천逆天이라 하며, 원수를 시켜 원수를 다스리게 했다가는 그 재앙을 구제할 수 없게 된다.

백성을 다스리되 공평하게 하고, 공평하게 다스리되 청렴함으로 한다면 백성은 그 자신들의 처소를 얻게 되고 천하는 안녕을 누리게 될 것이다.

一令逆則百令失, 一惡施則百惡結.

故善施於順民, 惡加於凶民, 則令行而無怨.

使怨治怨, 是謂逆天. 使仇治仇, 其禍不救.

治民使平, 治平以清, 則民得其所而天下寧.

【使怨治怨】 민중이 원망하는 법이나 명령으로써 원한을 가진 자를 다스림.
【逆天】 하늘의 도리에 어긋나는 일을 함.《孟子》離婁(上)에 "孟子曰:「天下有道,
　小德役大德, 小賢役大賢; 天下無道, 小役大, 弱役强. 斯二者, 天也. 順天者存,
　逆天者亡.」"라 하였다.

051(下-10)
청렴결백한 자가 찾아오도록

윗사람을 침범하면서 존경을 받거나, 탐욕스럽고 비루한 자가 부유해진다면, 비록 성스러운 임금이 있다 해도 그 다스림을 이룰 수 없다. 그러나 윗사람을 범하는 자가 주벌을 받고, 탐욕스럽고 비루한 자가 구속을 당한다면, 교화가 행해지면서 백성의 악은 소멸될 것이다.

청렴결백한 선비란 작록을 준다고 해서 얻을 수 있는 것이 아니며, 절의가 있는 선비는 위협이나 형벌에 의하여 굽혀드는 것이 아니다.

그러므로 명석한 군주가 어진 이를 찾을 때는, 반드시 그들이 하는 소이所以를 관찰하고 이를 다가오게 한다.

청렴결백한 선비가 찾아오도록 하는 것은 그 예를 닦음으로써 되는 것이며, 절의 있는 선비가 이르러 오도록 하는 것은 그 도를 닦음으로써 되는 것이니, 그런 연후에야 선비를 오도록 할 수 있고, 그 명예를 보존할 수 있는 것이다.

犯上者尊, 貪鄙者富, 雖有聖主, 不能致其治. 犯上者誅, 貪鄙者拘,則化行而衆惡消.

淸白之士, 不可以爵祿得; 節義之士, 不可以威刑脅.

故明君求賢, 必觀其所以而致焉.

致淸白之士, 修其禮; 致節義之士, 修其道, 而後士可致而名可保.

【犯上】윗사람에게 대들며 질서를 어지럽힘.《論語》學而篇에 "有子曰:「其爲人也孝弟, 而好犯上者, 鮮矣; 不好犯上, 而好作亂者, 未之有也. 君子務本, 本立而道生. 孝弟也者, 其爲仁之本與!」"라 하였다.

【貪鄙】탐욕스럽고 비루함.

【爵祿】爵은 작위, 祿은 봉록.

【所以】그러한 행동을 하는 까닭이나 이유.

052(下-11)
명철한 성인군자

　무릇 성인군자는 성쇠의 근원을 밝히고, 성패의 발단을 통달하며, 치란의 기틀을 심찰하며, 거취의 절도를 알고 있으니, 비록 궁하다 해도 망할 나라의 직위를 얻어 누리려 하지 않으며, 비록 가난하다 해도 어지러운 나라의 녹을 먹지 않는다.

　이름을 숨기고 도를 껴안은 자로써, 때가 이른 다음에야 움직인다면 신하로서의 최고의 지위에 오를 수 있고, 덕이 자신에게 맞는다면 뛰어난 공을 세울 수 있다.

　그러므로 그 도가 높아지고 그 이름이 후세에 드날리게 되는 것이다.

　夫聖人君子, 明盛衰之源, 通成敗之端, 審治亂之機, 知去就之節, 雖窮不處亡國之位, 雖貧不食亂邦之祿.

　潛名抱道者, 時至而動, 則極人臣之位; 德合於己, 則建殊絶之功.

　故其道高而名揚於後世.

【潛名】이름을 숨김. 은일, 은거를 뜻함.
【抱道】말과 행동이 도에서 벗어나지 않도록 꼭 껴안고 있음.
【殊絶】특이하게 다름.

懸脚虛餌彼輕進二
摸腿決不饒輕趕上
一掌滿天星誰敢再
來比並
丘劉勢左搬右掌劈
來脚入步連心挪更
拳法探馬均打人一
着命盡

三才圖會　人事七卷

七星拳手足相顧挾
步逼上下提籠饒君
手快脚如風我自有
攪衝劈重
到騎龍詐輸佯走誘
追入送我回衝恁伊
力猛硬來攻怎當我
連珠砲動

《三才圖會》에 실려 있는 고대 각종 전투법

성왕이 무력을 쓸 수밖에 없는 이유

성왕의 용병이란 이를 즐기는 것이 아니라, 장차 포악하고 어지러운 자를 주벌하고 토벌하기 위한 것이다.

무릇 의로움을 가지고 불의한 것을 주벌하니, 마치 강하江河를 터서 타는 불꽃에 강물을 쏟아 붓는 것과 같아, 측량할 수 없는 깊은 못에 이르러 추락할 자를 떠미는 것과 같으니 그 승리는 필연이다.

따라서 자신만 편하면 된다고 염담恬淡을 즐기면서 나서지 않는 자는, 사람과 물건을 무겁게 상해하는 짓이다.

무릇 무기라고 하는 것은 상서롭지 못한 것이다. 그러나 천도로 보아 악한 짓을 하는 자가 있다면 부득이 이를 사용할 수밖에 없으니 이것이 천도이다.

무릇 사람이 도에 근거를 두어야 함은 물고기가 물에 있어야 하는 것으로, 물고기로서 물을 얻으면 살 것이요, 물을 잃으면 죽는 것과 같다.

그러므로 군자란 항상 두려움을 가지되, 감히 도를 잃는 일은 없어야 하는 것이다.

聖王之用兵, 非樂之也, 將以誅暴討亂也.

夫以義誅不義, 若決江河而漑爝火, 臨不測而擠欲墜, 其克必矣.

所以優游恬淡而不進者, 重傷人物也.

夫兵者, 不祥之器, 天道惡之, 不得已而用之, 是天道也.

夫人之在道. 若魚之在水, 得水而生, 失水而死.

故君子者, 常畏懼而不敢失道.

【江河】 長江과 河水. 원래는 두 강 모두 江과 河의 고유명사였으며, 여기서는
아주 큰물로 작은 횃불을 끄는 것과 같음을 비유함.

【爝火】 작은 횃불.

【擠欲墜】 곧 추락할 자를 떠밀어 버림. 망할 수밖에 없는 나라를 즉시 망하게 함.

【優游恬淡】 편하게 여기며 아무 일에도 관여하지 아니함. 악한 짓을 하는
나라를 보고도 이에 전혀 바로잡아 줄 생각을 하지 않음을 뜻함.

【重傷人物】 사람과 물건에게 깊은 상처를 줌.

【不祥之器】《老子》31장에 "夫佳兵者不祥之器, 物或惡之, 故有道者不處. 君子
居則貴左, 用兵則貴右. 兵者不祥之器, 非君子之器, 不得已而用之, 恬淡爲上.
勝而不美, 而美之者, 是樂殺人. 夫樂殺人者, 則不可得志於天下矣. 吉事尙左,
凶事尙右. 偏將軍居左, 上將軍居右. 言以喪禮處之. 殺人之衆, 以悲哀泣之, 戰勝
以喪禮處之"라 하였음.

054(下-13)
호걸이 머리숙여야 나라가 편하다

　　호걸이 국가의 요직을 쥐고 있으면 나라의 권위가 약해지고, 살생의 권한이 호걸의 손에 달려 있게 되면 나라의 권세가 다하고 만다.
　　호걸이 머리를 숙이고 있어야 나라가 장구하며, 살생의 권한이 임금에게 있어야 나라가 편안할 수 있다.
　　사민四民의 생활이 공허한데도 이를 국가에서 거두어들이면 나라에 저축이 없게 되고, 사민이 풍족할 때 나라에서 이를 이용하여야 나라가 안락하게 된다.

　　豪傑秉職, 國威乃弱; 殺生在豪傑, 國勢乃竭.
　　豪傑低首, 國乃可久; 殺生在君, 國乃可安.
　　四民用虛, 國乃無儲; 四民用足, 國乃安樂.

【秉】 '손에 쥐다'의 뜻.
【四民】 士農工商의 일반 백성.
【用虛】 백성의 집 안에 쌓인 재물이 없는데도 나라에서 세금을 부과함.

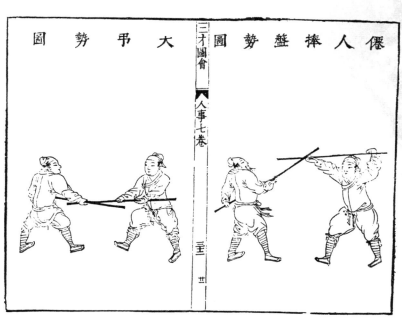

《三才圖會》에 실려 있는 고대 각종 전투법

055(下-14)
임금이 신하 자리에 앉으면

어진 신하가 안에 자리하고 있으면 사악한 신하가 밖으로 쫓겨날 것이요, 사악한 신하가 안에서 버티게 되면 어진 신하는 죽음을 당하고 만다. 이리하여 내외가 그 마땅함을 잃게 되면 재앙과 혼란이 다음 세대까지 이어지고 만다.

대신이 그 임금과 같이 되면 여러 간악한 무리가 모여들고, 신하가 임금의 존위를 담당하게 되면 상하가 모두 혼미함에 빠지게 되며, 임금이 신하가 처할 자리에 있게 되면 상하가 그 질서를 잃게 된다.

賢臣內, 則邪臣外; 邪臣內, 則賢臣斃. 內外失宜, 禍亂傳世.

大臣疑主, 衆姦集聚; 臣當君尊, 上下乃昏; 君當臣處, 上下失序.

【疑】'擬'와 같음. 형세나 위치가 거의 비슷함.

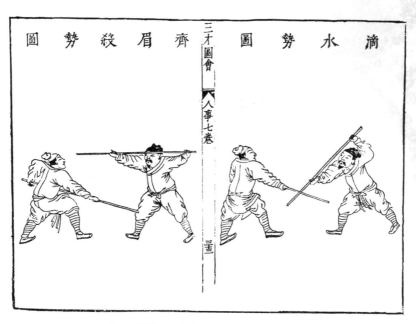

《三才圖會》에 실려 있는 고대 각종 전투법

056(下-15)
어진 이를 질투하지 말라

　어진 이를 상하게 하면 그 재앙이 삼세三世까지 미칠 것이며, 어진 이를 은폐시켜 나타나지 못하게 하면 그 몸이 재앙을 입게 된다. 그리고 어진 이를 질투하면 그 이름이 온전히 보전되지 못할 것이며, 어진 이를 진달進達시키면 그 복이 자손에게까지 흘러갈 것이다.
　그러므로 군자는 어진 이를 진달시키기에 급히 굴어 그 아름다운 이름이 드러나는 것이다.

　傷賢者, 殃及三世; 蔽賢者, 身受其害; 嫉賢者, 其名不全; 進賢者, 福流子孫.
　故君子急於進賢而美名彰焉.

【三世】세 세대. 일세는 흔히 30년으로 계산함. 여기서는 후대까지 그 앙화가 미친다는 뜻.
【進賢】어진 이에게 세상에 나와 관직을 맡아 일을 할 수 있도록 길을 열어 주고 추천함을 말함.

《三才圖會》에 실려 있는 고대 각종 전투법

057(下-16)
하나의 이익을 위해 만 사람을 손해나게 해서야

이로움은 한 가지이지만 해로움은 백 가지가 되는 것이란 백성이 그 성곽을 버리고 떠날 수밖에 없도록 하는 것이요, 자신의 한 가지 이익을 위하다가 만 사람에게 해를 입히는 일이란 나라 사람 전체가 흩어질 마음을 갖도록 하는 것이다.

하나를 버려 백 사람에게 이익을 주는 것이란 백성이 그 지도자의 은택을 사모하여 모여들게 하는 것이요, 한 가지를 버려 만 사람에게 이익이 되도록 하는 것이란 정치가 혼란스럽지 않도록 하는 것이다.

利一害百, 民去城郭; 利一害萬, 國乃思散.
去一利百, 人乃慕澤; 去一利萬, 政乃不亂.

【城郭】고대 축성과 방어에서 흔히 內城外郭을 함께 일컫는 말.

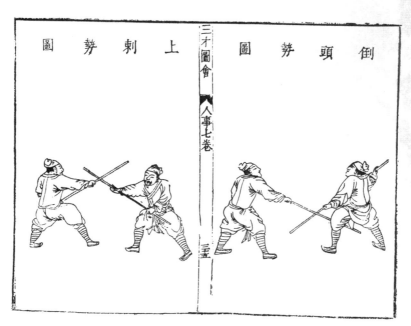

《三才圖會》에 실려 있는 고대 각종 전투법

부 록

I. 武經七書 《三略》解 ·················· 明, 劉寅

「懸吐武經」《三略直解》(世昌書館 1970 서울)에 의함.

　三者, 上中下三卷也; 略者, 謀略也. 世以爲黃石公書, 授張子房於圯橋者也. 按《漢書》藝文志曰:「張良·韓信, 序次兵法凡百八十二家, 刪取要用, 定著三十五家.」竝不言有《三略》者. 漢成帝時, 任宏論次兵書, 分權謀·形勢·陰陽·技巧四種, 共五十三家, 而《三略》亦不載焉. 史稱張良, 少匿下邳與老父, 遇於圯橋, 出書一編曰:「讀此, 則爲王者師.」遂去, 旦日視之, 乃《太公兵法》也.」《通鑑綱目》亦曰:「張良, 與沛公, 遇於留, 良數以《太公兵法》說沛公. 公善之, 常用其策. 與他人語, 輒不省. 良曰: '沛公, 殆天授.' 遂不去.」正義曰:「《七錄》云: 太公兵法, 一帙三卷.」唐李靖亦云:「張良所學, 《太公六韜》·《三略》, 是也..」然則《三略》, 本太公書而黃石公或推演之, 以授子房, 所以兵家者流, 至今因以爲黃石公書也. 宋張商英又云:「《素書》, 乃黃石公所授子房者也. 世人多以《三略》爲是, 蓋傳之者誤耳.《素書》者, 晉亂有盜發子房塚於枕中獲之, 上有秘戒, 不許傳於不神不聖之人. 又摘取書中數語, 以證子房之事, 且曰:「自漢以來, 章句文辭之學熾, 而知道之士極少, 如諸葛亮·王猛·房喬·裴度等, 雖號爲一時賢相, 至於先王大道, 曾未知其髣髴此道, 所以不傳於不道不神不聖不賢之人也.」今觀《素書》原始章首, 論道德仁義禮, 本《三略》下卷中文, 因而推廣之耳. 下文賢人君子, 明於盛衰之道·通乎成敗之數·審乎理亂之勢·達乎去取之理. 故潛居抱道以待其時, 若時至而行, 則能極人臣之位; 得機而動, 則能成絶代之功. 是以其道足高而名揚於後世, 及能有其有者, 安; 貪人之有者, 殘; 舍己以敎人者, 逆; 正己以化人者, 順. 皆《三略》全文而少變之耳. 其後五章, 亦是雜取占書中語, 而更換字樣聯屬之, 非秦漢以前古書, 況商英之言, 多涉虛無. 觀其曰:「雖有雖無之謂道, 非有非無之謂神, 有而無之

之謂聖, 無而有之之謂賢.」又曰:「老子言其體, 故云禮者, 忠信之薄而亂之首. 黃石公言其用故, 云道德仁義禮, 不可無一焉. 此其深於斯道者之言也.」《素書》果出於子房塚中, 而隋唐以來, 名儒碩士何故無一言及之? 恐是後人依倣而爲之者, 所以宋先正程朱輩, 俱不暇論也. 今亦未敢必以爲然, 姑明其大概, 係於《三略直解》下, 俟知者焉. 明前辛亥科進士太原劉寅(解)

Ⅱ.《史記》留侯世家 ················ 漢, 司馬遷

留侯張良者, 其先韓人也. 大父開地, 相韓昭侯·宣惠王·襄哀王. 父平, 相釐王·悼惠王. 悼惠王二十三年, 平卒. 卒二十歲, 秦滅韓. 良年少, 未宦事韓. 韓破, 良家僮三百人, 弟死不葬, 悉以家財求客刺秦王, 爲韓報仇, 以大父·父五世相韓故.

良嘗學禮淮陽. 東見倉海君. 得力士, 爲鐵椎重百二十斤. 秦皇帝東游, 良與客狙擊秦皇帝博浪沙中, 誤中副車. 秦皇帝大怒, 大索天下, 求賊甚急, 爲張良故也. 良乃更名姓, 亡匿下邳.

良嘗閒從容步游下邳圯上, 有一老父, 衣褐, 至良所, 直墮其履圯下, 顧謂良曰:「孺子, 下取履!」良鄂然, 欲毆之. 爲其老, 彊忍, 下取履. 父曰:「履我!」良業爲取履, 因長跪履之. 父以足受, 笑而去. 良殊大驚, 隨目之. 父去里所, 復還, 曰:「孺子可教矣. 後五日平明, 與我會此.」良因怪之, 跪曰:「諾.」五日平明, 良往. 父已先在, 怒曰:「與老人期, 後, 何也?」去, 曰:「後五日早會.」五日雞鳴, 良往. 父又先在, 復怒曰:「後, 何也?」去, 曰:「後五日復早來.」五日, 良夜未半往. 有頃, 父亦來, 喜曰:「當如是.」出一編書, 曰:「讀此則爲王者師矣. 後十年興. 十三年孺子見我濟北, 穀城山下黃石卽我矣.」遂去, 無他言, 不復見. 旦日視其書, 乃太公兵法也. 良因異之, 常習誦讀之.

居下邳, 爲任俠. 項伯常殺人, 從良匿.

後十年, 陳涉等起兵, 良亦聚少年百餘人. 景駒自立爲楚假王, 在留. 良欲往從之, 道遇沛公. 沛公將數千人, 略地下邳西, 遂屬焉. 沛公拜良爲廐將. 良數以太公兵法說沛公, 沛公善之, 常用其策. 良爲他人言, 皆不省. 良曰:「沛公殆天授.」故遂從之, 不去見景駒.

及沛公之薛, 見項梁. 項梁立楚懷王. 良乃說項梁曰:「君已立楚後, 而韓諸公子橫陽君成賢, 可立爲王, 益樹黨.」項梁使良求韓成, 立以爲韓王. 以良爲韓申徒, 與韓王將千餘人西略韓地, 得數城, 秦輒復取之, 往來爲游兵穎川.

沛公之從雒陽南出轘轅, 良引兵從沛公, 下韓十餘城, 擊破楊熊軍. 沛公乃令韓王成留守陽翟, 與良俱南, 攻下宛, 西入武關. 沛公欲以兵二萬人擊秦嶢下軍, 良說曰：「秦兵尚彊, 未可輕. 臣聞其將屠者子, 賈豎易動以利. 願沛公且留壁, 使人先行, 爲五萬人具食, 益爲張旗幟諸山上, 爲疑兵, 令酈食其持重寶啗秦將.」秦將果畔, 欲連和俱西襲咸陽, 沛公欲聽之. 良曰：「此獨其將欲叛耳, 恐士卒不從. 不從必危, 不如因其解擊之.」沛公乃引兵擊秦軍, 大破之. (遂)[逐]北至藍田, 再戰, 秦兵竟敗. 遂至咸陽, 秦王子嬰降沛公.

沛公入秦宮, 宮室帷帳狗馬重寶婦女以千數, 意欲留居之. 樊噲諫沛公出舍, 沛公不聽. 良曰：「夫秦爲無道, 故沛公得至此. 夫爲天下除殘賊, 宜縞素爲資. 今始入秦, 即安其樂, 此所謂'助桀爲虐'. 且'忠言逆耳利於行, 毒藥苦口利於病', 願沛公聽樊噲言.」沛公乃還軍霸上.

項羽至鴻門下, 欲擊沛公, 項伯乃夜馳入沛公軍, 私見張良, 欲與俱去. 良曰：「臣爲韓王送沛公, 今事有急, 亡去不義.」乃具以語沛公. 沛公大驚, 曰：「爲將柰何?」良曰：「沛公誠欲倍項羽邪?」沛公曰：「鯫生教我距關無內諸侯, 秦地可盡王, 故聽之.」良曰：「沛公自度能卻項羽乎?」沛公默然良久, 曰：「固不能也. 今爲柰何?」良乃固要項伯. 項伯見沛公. 沛公與飲爲壽, 結賓婚. 令項伯具言沛公不敢倍項羽, 所以距關者, 備他盜也. 及見項羽後解, 語在項羽事中.

漢元年正月, 沛公爲漢王, 王巴蜀. 漢王賜良金百溢, 珠二斗, 良具以獻項伯. 漢王亦因令良厚遺項伯, 使請漢中地. 項王乃許之, 遂得漢中地. 漢王之國, 良送至褒中, 遣良歸韓. 良因說漢王曰：「王何不燒絶所過棧道, 示天下無還心, 以固項王意.」乃使良還. 行, 燒絶棧道.

良至韓, 韓王成以良從漢王故, 項王不遣成之國, 從與俱東. 良說項王曰：「漢王燒絶棧道, 無還心矣.」乃以齊王田榮反書告項王. 項王以此無西憂漢心, 而發兵北擊齊. 項王竟不肯遣韓王, 乃以爲侯, 又殺之彭城. 良亡, 間行歸漢王, 漢王亦已還定三秦矣. 復以良爲成信侯, 從東擊楚. 至彭城, 漢敗而還. 至下邑, 漢王下馬踞鞍而問曰：「吾欲捐關以東等弃之, 誰可與共功者?」良進曰：「九江王黥布, 楚梟將, 與項王有郄; 彭越與齊王田榮反梁地: 此兩人可急使. 而漢王之將獨韓信可屬大事, 當一面. 即欲捐之, 捐之此三人,

則楚可破也.」漢王乃遣隨何說九江王布, 而使人連彭越. 及魏王豹反, 使韓信將兵擊之, 因舉燕・代・齊・趙. 然卒破楚者, 此三人力也.

張良多病, 未嘗特將也, 常爲畫策臣, 時時從漢王.

漢三年, 項羽急圍漢王滎陽, 漢王恐憂, 與酈食其謀橈楚權. 食其曰:「昔湯伐桀, 封其後於杞. 武王伐紂, 封其後於宋. 今秦失德弃義, 侵伐諸侯社稷, 滅六國之後, 使無立錐之地. 陛下誠能復立六國後世, 畢已受印, 此其君臣百姓必皆戴陛下之德, 莫不鄉風慕義, 願爲臣妾. 德義已行, 陛下南鄉稱霸, 楚必斂衽而朝.」漢王曰:「善. 趣刻印, 先生因行佩之矣.」

食其未行, 張良從外來謁. 漢王方食, 曰:「子房前! 客有爲我計橈楚權者.」其以酈生語告, 曰:「於子房何如?」良曰:「誰爲陛下畫此計者? 陛下事去矣.」漢王曰:「何哉?」張良對曰:「臣請藉前箸爲大王籌之.」曰:「昔者, 湯伐桀而封其後於杞者, 度能制桀之死命也. 今陛下能制項籍之死命乎?」曰:「未能也.」「其不可一也. 武王伐紂封其後於宋者, 度能得紂之頭也. 今陛下能得項籍之頭乎?」曰:「未能也.」「其不可二也. 武王入殷, 表商容之閭, 釋箕子之拘, 封比干之墓. 今陛下能封聖人之墓, 表賢者之閭, 式智者之門乎?」曰:「未能也.」「其不可三也. 發鉅橋之粟, 散鹿之錢, 以賜貧窮. 今陛下能散府庫以賜貧窮乎?」曰:「未能也.」「其不可四矣. 殷事已畢, 偃革爲軒, 倒置干戈, 覆以虎皮, 以示天下不復用兵. 今陛下能偃武行文, 不復用兵乎?」曰:「未能也.」「其不可五矣. 休馬華山之陽, 示以無所爲. 今陛下能休馬無所用乎?」曰:「未能也.」「其不可六矣. 放牛桃林之陰, 以示不復輸積. 今陛下能放牛不復輸積乎?」曰:「未能也.」「其不可七矣. 且天下游士離其親戚, 弃墳墓, 去故舊, 從陛下游者, 徒欲日夜望咫尺之地. 今復六國, 立韓・魏・燕・趙・齊・楚之後, 天下游士各歸事其主, 從其親戚, 反其故舊墳墓, 陛下與誰取天下乎? 其不可八矣. 且夫楚唯無彊, 六國立者復橈而從之, 陛下焉得而臣之? 誠用客之謀, 陛下事去矣.」漢王輟食吐哺, 罵曰:「豎儒, 幾敗而公事!」令趣銷印.

漢四年, 韓信破齊而欲自立爲齊王, 漢王怒. 張良說漢王, 漢王使良授齊王信印, 語在淮陰事中.

其秋, 漢王追楚至陽夏南, 戰不利而壁固陵, 諸侯期不至. 良說漢王, 漢王

用其計, 諸侯皆至. 語在項籍事中.

漢六年正月, 封功臣. 良未嘗有戰鬪功, 高帝曰:「運籌策帷帳中, 決勝千里外, 子房功也. 自擇齊三萬戶」良曰:「始臣起下邳, 與上會留, 此天以臣授陛下. 陛下用臣計, 幸而時中, 臣願封留足矣, 不敢當三萬戶.」乃封張良爲留侯, 與蕭何等俱封.

(六年)上已封大功臣二十餘人, 其餘日夜爭功不決, 未得行封. 上在雒陽南宮, 從復道望見諸將往往相與坐沙中語. 上曰:「此何語?」留侯曰:「陛下不知乎? 此謀反耳.」上曰:「天下屬安定, 何故反乎?」留侯曰:「陛下起布衣, 以此屬取天下, 今陛下爲天子, 而所封皆蕭·曹故人所親愛, 而所誅者皆生平所仇怨. 今軍吏計功, 以天下不足遍封, 此屬畏陛下不能盡封, 恐又見疑平生過失及誅, 故卽相聚謀反耳.」上乃憂曰:「爲之奈何?」留侯曰:「上平生所憎, 群臣所共知, 誰最甚者?」上曰:「雍齒與我故, 數嘗窘辱我. 我欲殺之, 爲其功多, 故不忍.」留侯曰:「今急先封雍齒以示群臣, 群臣見雍齒封, 則人人自堅矣.」於是上乃置酒, 封雍齒爲什方侯, 而急趣丞相·御史定功行封. 群臣罷酒, 皆喜曰:「雍齒尚爲侯, 我屬無患矣.」

劉敬說高帝曰:「都關中.」上疑之. 左右大臣皆山東人, 多勸上都雒陽:「雒陽東有成皋, 西有殽黽, 倍河, 向伊雒, 其固亦足恃.」留侯曰:「雒陽雖有此固, 其中小, 不過數百里, 田地薄, 四面受敵, 此非用武之國也. 夫關中左殽函, 右隴蜀, 沃野千里, 南有巴蜀之饒, 北有胡苑之利, 阻三面而守, 獨以一面東制諸侯. 諸侯安定, 河渭漕輓天下, 西給京師; 諸侯有變, 順流而下, 足以委輸. 此所謂金城千里, 天府之國也, 劉敬說是也.」於是高帝卽日駕, 西都關中.

留侯從入關. 留侯性多病, 卽道引不食穀, 杜門不出歲餘.

上欲廢太子, 立戚夫人子趙王如意. 大臣多諫爭, 未能得堅決者也. 呂后恐, 不知所爲. 人或謂呂后曰:「留侯善畫計筴, 上信用之.」呂后乃使建成侯呂澤劫留侯, 曰:「君常爲謀臣, 今上欲易太子, 君安得高枕而臥乎?」留侯曰:「始上數在困急之中, 幸用臣筴. 今天下安定, 以愛欲易太子, 骨肉之閒, 雖臣等百餘人何益?」呂澤彊要曰:「爲我畫計.」留侯曰:「此難以口舌爭也. 顧上有不能致者, 天下有四人. 四人者年老矣, 皆以爲上慢侮人, 故逃匿

山中, 義不爲漢臣. 然上高此四人. 今公誠能無愛金玉璧帛, 令太子爲書,
卑辭安車, 因使辯士固請, 宜來. 來, 以爲客, 時時從入朝, 令上見之, 則必異
而問之. 問之, 上知此四人賢, 則一助也.」於是呂后令呂澤使人奉太子書,
卑辭厚禮, 迎此四人. 四人至, 客建成侯所.

漢十一年, 黥布反, 上病, 欲使太子將, 往擊之. 四人相謂曰:「凡來者,
將以存太子. 太子將兵, 事危矣.」乃說建成侯曰:「太子將兵, 有功則位不益
太子; 無功還, 則從此受禍矣. 且太子所與俱諸將, 皆嘗與上定天下梟將也,
今使太子將之, 此無異使羊將狼也, 皆不肯爲盡力, 其無功必矣. 臣聞『母愛
者子抱』, 今戚夫人日夜侍御, 趙王如意常抱居前, 上曰『終不使不肖子居
愛子之上』, 明乎其代太子位必矣. 君何不急請呂后承閒爲上泣言:『黥布,
天下猛將也, 善用兵, 今諸將皆陛下故等夷, 乃令太子將此屬, 無異使羊
將狼, 莫肯爲用, 且使布聞之, 則鼓行而西耳. 上雖病, 彊載輜車, 臥而護之,
諸將不敢不盡力. 上雖苦, 爲妻子自彊.』」於是呂澤立夜見呂后, 呂后承閒
爲上泣涕而言, 如四人意. 上曰:「吾惟豎子固不足遣, 而公自行耳.」於是
上自將兵而東, 群臣居守, 皆送至灞上. 留侯病, 自彊起, 至曲郵, 見上曰:
「臣宜從, 病甚. 楚人剽疾, 願上無與楚人爭鋒.」因說上曰:「令太子爲將軍,
監關中兵.」上曰:「子房雖病, 彊臥而傅太子.」是時叔孫通爲太傅, 留侯行
少傅事.

漢十二年, 上從擊破布軍歸, 疾益甚, 愈欲易太子. 留侯諫, 不聽, 因疾不
視事. 叔孫太傅稱說引古今, 以死爭太子. 上詳許之, 猶欲易之. 及燕, 置酒,
太子侍. 四人從太子, 年皆八十有餘, 鬚眉皓白, 衣冠甚偉. 上怪之, 問曰:
「彼何爲者?」四人前對, 各言名姓, 曰東園公, 甪里先生, 綺里季, 夏黃公.
上乃大驚, 曰:「吾求公數歲, 公辟逃我, 今公何自從吾兒游乎?」四人皆曰:
「陛下輕士善罵, 臣等義不受辱, 故恐而亡匿. 竊聞太子爲人仁孝,恭敬愛士,
天下莫不延頸欲爲太子死者, 故臣等來耳.」上曰:「煩公幸卒調護太子.」

四人爲壽已畢, 趨去. 上目送之, 召戚夫人指示四人者曰:「我欲易之, 彼四
人輔之, 羽翼已成, 難動矣. 呂后眞而主矣.」戚夫人泣, 上曰:「爲我楚舞,
吾爲若楚歌.」歌曰:「鴻鵠高飛, 一擧千里. 羽翮已就, 橫絶四海. 橫絶四海,
當可奈何! 雖有矰繳, 尚安所施!」歌數闋, 戚夫人噓唏流涕, 上起去, 罷酒.

竟不易太子者, 留侯本招此四人之力也.

留侯從上擊代, 出奇計馬邑下, 及立蕭何相國, 所與上從容言天下事甚衆, 非天下所以存亡, 故不著. 留侯乃稱曰:「家世相韓, 及韓滅, 不愛萬金之資, 爲韓報讎彊秦, 天下振動. 今以三寸舌爲帝者師, 封萬戶, 位列侯, 此布衣之極, 於良足矣. 願棄人閒事, 欲從赤松子游耳.」乃學辟穀, 道引輕身. 會高帝崩, 呂后德留侯, 乃彊食之, 曰:「人生一世閒, 如白駒過隙, 何至自苦如此乎!」留侯不得已, 彊聽而食.

後八年卒, 諡爲文成侯. 子不疑代侯.

子房始所見下邳圯上老父與太公書者, 後十三年從高帝過濟北, 果見穀城山下黃石, 取而葆祠之. 留侯死, 幷葬黃石(冢). 每上冢伏臘, 祠黃石.

留侯不疑, 孝文帝五年坐不敬, 國除.

太史公曰: 學者多言無鬼神, 然言有物. 至如留侯所見老父予書, 亦可怪矣. 高祖離困者數矣, 而留侯常有功力焉, 豈可謂非天乎? 上曰:「夫運籌策帷帳之中, 決勝千里外, 吾不如子房.」余以爲其人計魁梧奇偉, 至見其圖, 狀貌如婦人好女. 蓋孔子曰:「以貌取人, 失之子羽.」留侯亦云.

Ⅲ. 《太公兵法》逸文 淸, 汪宗沂(輯佚)

歙浦汪宗沂仲伊輯編

第一篇

太公兵法曰:「致慈愛之心, 立威武之戰, 以卑其衆. 練其精銳, 砥礪其節, 以高其氣. 分爲五選, 異其旗章, 勿使冒亂. 堅其行陳, 連其什伍, 以禁淫非. 壘陳之次, 車騎之處, 勒兵之勢, 軍之法令, 賞罰之數, 使士赴火蹈刃, 陷陳取將, 死不旋踵者, 多異於今之將者也.」

將師受命者, 將率入, 軍吏畢入, 皆北面再拜稽首, 受命. 天子南面而授之鉞, 東行西面而揖之, 示弗御也. 故受命而出, 忘其國. 卽戎, 忘其家. 枹鼓之聲, 唯恐不勝, 忘其身.

故必死, 必死不如樂死, 樂死不如甘死, 甘死不如義死, 義死不如視死如歸, 此之謂也. 故一人必死, 十人弗能待也. 十人必死, 百人弗能待也. 百人必死, 千人弗能待也. 千人必死, 萬人弗能待也. 萬人必死, 橫行乎天不.(待, 當也.)

令行禁止, 王者之師也.

文王曰:「吾欲用兵, 誰可伐? 密須氏疑於我, 可先往伐.」

管叔曰:「不可, 其君天下之明君也. 伐之不義.」

太公望曰:「臣聞之, 先王伐枉不伐順, 伐險不伐易, 伐過不伐不及.」

文王曰:「善.」

遂伐密須氏, 滅之也.

文王將欲伐崇. 先宣言曰:「余聞崇侯虎蔑侮父兄, 不敬長老, 聽獄不中, 分財不均, 百姓力盡不得衣食. 余將來征之, 惟爲民.」

乃伐崇. 令毋殺人, 毋壞室, 毋塡井, 毋伐樹木, 毋動六畜. 有不如令者, 死無赦. 崇人聞之, 因請降.

武王將伐紂, 召太公望而問之曰:「吾欲不戰而知勝, 不卜而知吉, 使非其人. 爲之有道乎?」

太公對曰:「有道. 王得眾人之心以圖不道, 則不戰而知勝矣. 以賢伐不肖則不卜而知吉矣. 彼害之, 我利之, 雖非吾民可得而致也.」

武王曰:「善.」

乃召周公而問焉, 曰:「天下之圖事者, 皆以殷為天子, 周為諸侯. 以諸侯攻天子, 勝之有道乎?」

周公對曰:「殷信天子, 周信諸侯, 則無勝之道矣, 何可攻乎?」

武王忿然曰:「女言有說乎?」

周公對曰:「臣聞之, 攻禮者為賊, 攻義者為殘, 失其民制為匹夫. 王攻其失民者也, 何攻天子乎?」(宋戴埴《鼠璞》引問周公作《六弢》逸文)

武王曰:「善.」

乃起眾舉師與殷戰於牧之野, 大敗殷人. 上堂見玉, 曰:「誰之玉也?」

曰:「諸侯之玉.」

即取而歸之於諸侯. 天下聞之, 曰:「武王廉於財矣.」

入室見女, 曰:「誰之女也?」

曰:「諸侯之女.」

即取而歸之於諸侯. 天下聞之曰:「武王廉於色矣.」

於是發巨橋之粟, 散鹿臺之財, 金錢以與士民. 黜其戰車而不乘, 弛其甲兵以弗用. 縱馬華山, 放牛桃林, 示不復用天下. 聞者咸謂武王行義於天下. 豈不大哉!(漢劉向《說苑·指武篇》)

第二篇

武王踐阼, 三日召士大夫而問焉曰:「惡有藏之約, 行之行, 萬世可以爲子孫恆者乎?」

諸大夫對曰:「未得聞也.」

然後召師尚父而問焉曰:「昔皇帝顓頊之道存乎? 意亦忽不可得見與?」

師尚父曰:「在丹書. 王欲聞之, 則齊矣.」

王齋三日, 端冕. 師尚不亦端冕, 奉書而入, 負屛而立. 王下堂, 南面而立. 師尚父曰:「先王之道, 不北面.」

王行西折而東面, 師尚父西面, 道書之言曰:「敬勝怠者强, 怠勝敬者亡, 義勝欲者從, 欲勝義者凶. 凡事不强則枉, 不敬則不正. 枉者滅廢, 敬者萬世.」(以上丹書之言)

武王問師尚父曰:「五帝之戒, 可復得而聞乎?」

師尚父曰:「堯之居藏之約, 行之行, 可以爲子孫恆者, 此言之謂也. 且臣聞之, 以仁得之, 以仁守之, 其量百世. 以仁得之, 以不仁守之, 其量十世. 以不仁得之, 以不仁守之, 必及其世.」

王聞書之言, 惕若恐懼, 退而爲戒, 書于席之四端爲銘焉, 于机爲銘焉, 于鑒爲銘焉, 于盥槃爲銘焉, 于楹爲銘焉, 于杖爲銘焉, 于帶爲銘焉, 于履屨爲銘焉, 于觴豆爲銘焉, 于牖爲銘焉, 于劍爲銘焉, 于弓爲銘焉, 于矛爲銘焉.

席前左端之銘曰:「安樂必敬.」

前右端之銘曰:「無行可悔.」

後左端之銘曰:「一反一側, 亦不可以忘.」

後右端之銘曰:「所監不遠, 視邇所代.」

機之銘曰:「皇皇惟敬, 口生垢, 口戕口.」

鑑之銘曰:「見爾前, 慮爾後.」

盥槃之銘曰:「與其溺於人也, 寧溺於淵. 溺於淵, 猶可游也. 溺于人, 不可救也.」

楹之銘曰:「毋曰胡殘, 其禍將然. 毋曰胡害, 其禍將大. 毋曰胡傷, 其禍將長.」

杖之銘曰:「惡乎危于忿疐, 惡乎失道於嗜慾, 惡乎相忘于富貴.」

帶之銘曰:「火滅修容, 愼戒必恭, 恭則壽.」

履屨之銘曰:「愼之勞, 勞則富.」

觴豆之銘曰:「食自杖, 食自杖, 戒之憍, 憍則逃.」

戶之銘曰:「夫名難得而易失. 無懃弗志而曰:『我知之乎.』無懃弗及而曰:『我杖之乎.』擾阻以泥之, 若風將至, 必先搖搖. 雖有聖人, 不能爲謀也.」

牖之銘曰:「隨天之時, 以地之財, 敬祀皇天, 敬以先時.」

劍之銘曰:「帶之以爲服, 動心行德. 行德則興, 倍德則崩.」

弓之銘曰:「屈伸之義, 廢興之行, 無忘自過.」

矛之銘曰:「造矛造矛, 少間弗忍, 終身之羞, 子一人所聞, 以戒後世子孫.」（《大戴禮記》第59. 宗沂案, 《六弢》本孔子問禮所得, 此當本在西漢《六弢》中, 故禮家取之, 或在《金匱》）

武王問師尙父曰:「五帝之戒可得聞乎?」

師尙父曰:「黃帝之君戒曰:『吾之居民上也, 搖搖恐夕不及朝, 慄慄恐朝不及夕. 兢兢業業, 日愼一日. 人莫躓於山而躓於垤. 故爲金人, 三緘其口, 而銘其背曰: 古之愼言人也. 戒之哉! 戒之哉! 無多言, 無多事. 多言多敗, 多事多患. 安樂必戒, 無行所悔. 勿謂何傷, 其禍將長. 勿謂何害, 其禍將大. 勿謂何殘, 其禍將然. 勿謂不聞, 神將伺人. 熒熒不滅, 炎炎奈何? 涓涓不塞, 終成江河. 綿綿不絶, 將成網羅. 青青不伐, 將尋斧柯. 誠能愼之, 福之根也. 曰: 是何傷, 禍之門也, 强梁者不得其死, 好勝者必遇其敵. 盜憎主人, 民怨其上. 君子知天下之可上也, 故下之. 知衆人之不可先也, 故後之. 溫恭愼德, 使人慕之. 執雌持下, 人莫踰之. 人皆趨彼, 我獨守此. 人皆惑之, 我獨不徙. 內藏我智, 不示人技. 我雖尊高, 人弗我害. 惟能如此也, 江海雖左, 長於百川, 以其卑也. 天道無親, 常與善人.』戒之哉! 戒之哉!」（《說苑·敬愼篇》《皇覽·黃帝金人器銘》及《荀子》皆本太公所述《黃帝戒》. 兼參王肅本《家語·觀周篇》用考同異）

武王問師尙父曰：「五帝之戒，可復得而聞乎?」

師尙父曰：「堯之居民上也，振振如臨深淵；舜之居民上，競競如履薄氷；禹之居民上，慄慄如恐不滿日；湯之居民上，翼翼乎懼不敢息.」

武王曰：「吾幷殷民，居其上也，翼乎懼不敢息.」

尙父曰：「德盛者守之以謙，威强者守之以恭.」

武王曰：「如尙父言，因是爲戒隨躬.」（《玉海》引劉劭《黃覽》述《太公金匱》，楊愼以此爲《金匱銘》）

道自微而生，福自微而成. 愼終與始，完如金城.（馬總《意林》引《金匱》）

武王曰：「吾慾造起居之誡，隨之以身.」

几之書曰：『安無忘危，存無忘亡. 熟惟二者，必後無凶.』

杖之書曰：『輔人無苟，扶人無咎.』

其冠銘曰：『寵以著首，將身不正，遺爲德咎.』

書履曰：『行必慮正，無懷僥倖.』

書劍曰：『常以服兵而行道德，行則福，廢則履.』

書車曰：『自致者急，載人者緩. 取欲無度，自致而反.』

書鏡曰：『以鏡自照，則知吉凶.』

門之書曰：『敬遇賓客，貴賤無二.』

戶之書曰：『出畏之，入懼之.』

牖之書曰：『闚望省，且念所得，思所忘.』

鑰之書曰：『昏謹守，深察謌.』

硯之書曰：『石墨相著而黑，邪心讒言無得汚白.』

書鋒曰：『忍之須臾，乃全汝軀.』

書刀曰：『刀利磑磑，無爲汝開.』

書井曰：『原泉滑滑，連旱則絶. 取事有常，賦斂有節.』

衣之銘曰：『桑蠶苦，女工難，得新捐故後必寒.』

鏡銘曰：『以鏡自照見形容，以人自照知吉凶.』

觴銘曰：『樂極則悲, 沈湎致非, 社稷爲危. 無握塞而附邱, 無舍本而逐末. 日中必彗, 操刀必割. 執斧必伐, 日中必彗, 是謂失時. 操刀不割, 是謂失利. 執斧不伐, 賊人將來. 涓涓不塞, 將爲江河. 熒熒不救, 炎炎奈何? 兩葉不去, 將用斧柯. 爲虺弗摧, 行將爲蛇.』(《意林》引《六弢》及《六弢‧守土篇》. 此以上全見兵書引《黃帝巾几銘》, 楊愼以爲《太公兵法》引《黃帝》)

『綿綿不絕, 夐夐奈何? 豪釐不伐, 將用斧柯. 前慮不定, 後有大患. 將奈之何?』(蘇秦引《周書》連上多此三句. 或以爲出《太公陰符》, 見杜牧《孫子注》. 王伯厚以爲兵法.)

第三篇

將欲敗之, 必姑輔之. 將欲取之, 必姑與之.(《戰國策·魏策》任章引《周書》)
得時無天, 時不再來. 天予不敗, 反爲之災.(《越語》引《周書》)

天與不敢, 反受其咎.(《史記》蕭何引《周書》)

毋爲權首, 將受其咎.(《漢書》引《周書》)

欲起無先.(《史記·楚世家》引《周書》)

恃德者昌, 恃力者亡.(《史記·商鞅傳》引《周書》)

成功之下, 不可久處.(《史記·蔡澤傳》引《周書》)

安危在得令, 存亡在所用.(《漢書》主父偃引《周書》)

必參五伍之.(《史記》引《周書》. 宗沂案:《說文》伍字下云:「相謂伍法.」什字
下云:「相什保也.」謂什法.)

君憂臣勞, 主辱臣死.(《文選》注二十引《周書》)

太公曰:「知與衆同者, 非人師也. 大知似狂, 不癡不狂, 其名不彰. 不狂不癡,
不能成事.」(《御覽》739引《周書》)

文王曰:「吾聞之, 無變古, 無易常. 無陰謀, 無擅制, 無更創. 爲此則不祥.」

太公曰:「夫天下, 非常一人之下也. 天下之國, 非常一人之國也. 莫常有之,
惟有道者取之. 古之王者, 未使民民化, 未賞民民勸. 不知怒, 不知喜, 愉愉
然其如赤子. 此古善爲政也.」

文王獨坐, 屏去左右. 深念遠慮, 召太公望曰:「商王猛暴無文, 强梁好武.
侵淩諸侯, 苦勞天下, 百姓之怨心生矣. 其災(此下似有闕文)予夙行而得免
于無道乎?」

太公曰:「因其所爲, 且興其化. 上知天道, 中知人事, 下知地理. 乃可以
有國焉.」(《御覽》84引《周書》)

大國不失其威, 小國不失其卑, 敵國不失其權. 距險伐夷, 并小奪亂, 征强
攻弱而襲不正, 武之經也. 伐亂, 伐疾, 伐役, 武之順也. 賢者輔之, 亂者取之,
作者勸之, 急者沮之, 恐者懼之, 欲者趣之, 武之用也. 美男破老, 美女破后,
淫圖破國, 淫巧破時, 淫樂破正, 淫言破義, 武之毀也. 赦其食遂其咎, 撫其困,

助其囊, 武之間也. 餌敵以分而照其儲, 以伐輔德, 追時之權, 無之尚也. 春違其眾, 秋伐其穡, 夏取其麥, 冬寒其衣服, 春秋欲舒, 冬夏欲亟, 武之時也. 長勝短, 輕勝重, 直勝曲, 眾勝寡, 強勝弱, 飽勝饑, 肅勝怒, 先勝後, 疾勝遲, 武之勝也. 追戎無恪, 窮寇不格, 力倦氣竭, 乃易克, 武之追也. 既勝人, 舉旗以號令, 命吏禁掠, 無敢侵暴, 爵位不謙, 田宅不虧, 各寧其親, 民腹如化, 武之撫也. 百姓咸服, 偃兵興德, 夷厥險阻, 以毀其武, 四方畏服, 奄有天下, 武之定也.」(今本《周書・武稱篇》)

開望曰:「土廣無守, 可襲代. 土狹無食, 可圍竭.(《漢書》主父偃引二句) 二禍之來, 不稱之災. 天有四殃, 水・旱・饑・荒, 其至無時, 非務積聚, 何以備之?」(《逸周書》)

第四篇

上古王者之遣將也, 跪而推轂曰:「閫以內者, 寡人制之; 閫以外者, 將軍制之. 軍功爵賞, 皆決於外, 歸而奏之.」(《史記·馮唐傳》摯虞以跪而推轂爲古兵書, 今本《六弢·立將篇》以爲說.)

兵以仁舉則無不從, 得之以仁分則無不從悅.(蕭吉《五行大義》引兵書.)

將無謀則士卒憂, 將無慮則士卒去.(同上引)

坎名大剛風, 乾名折風; 兌名小剛風, 艮名凶風, 坤名剛風, 巽名小弱風, 震名嬰兒風, 離名大弱風.(引同上. 當係《隋志·太公兵法》中語, 或單稱兵書. 蕭吉曰:「此兵家觀客主盛衰, 候風所從來也.」)

又曰:「刑上風來, 坐者急起, 行者急住.」(同上)

陽生甲子, 不足戌亥, 仍爲天門. 陰生甲午, 不足辰巳, 仍爲地戶. 陽界甲寅, 不足子丑, 仍爲鬼門. 陰界甲申, 不足午未, 仍爲人門. 陽盛甲辰, 卯爲之隔. 陰興甲戌, 酉爲之隔.(引同上)

太公兵法曰:「武王問太公勝負何如? 太公對曰:『夫紂之行, 不由理積, 其酒池賦斂甚數, 百姓苦之.』」(宋《御覽》627引)

人主舉善則天應之以德, 惡則天應之以刑.(同上引太公《群書治要》引《六弢》襲之.)

將謀欲密, 士卒欲一, 攻敵欲疾.(《御覽》《吳子》逸文引《軍志》. 吳子曾傳《左傳》)

先人有奪人之心, 後人有待其衰. 允當則歸, 知難而退. 有德不可敵, 逐寇如追逃.(以上《左傳》引《軍志》. 傳凡稱「前志」, 多屬《逸周書》或史佚, 則稱《軍志》者, 必太公也.)

將不仁, 則三軍不親; 將不勇, 則三軍不爲動.(《通典》引.《御覽》作《吳子》, 蓋《吳子》所引者, 今本《六弢·奇兵篇》改爲動作銳)

右背山陵, 前左水澤.(《史記》引兵法與《孫子》不同, 杜牧《孫子》注引《太公兵法》:「軍必左水澤而右邱陵」, 蓋括斯言. 知此引兵法屬太公也. 此之言背, 謂後也, 與前相對.)

武王伐殷, 兵至牧野. 晨舉脂燭, 推掩不備.(《論衡》引《太公陰謀》. 見《藝文類聚》及《御覽》316.)

春爲牝陳, 弓爲前行; 夏爲方陳, 戟爲前行; 六月爲圓陳, 矛爲前行; 秋爲牡陳, 劍爲前行; 冬爲伏陳, 楯爲前行.(蕭吉《五行大義》引《周書》云: 此武備赤依五氣也. 知出兵法) 是謂五陳.

春以長矛在前, 夏以大戟在前, 秋以弓弩在前, 冬以刀楯在前, 此行軍四時應天之法也.(《御覽》339引《六弢》分爲五選, 已見《說苑》所引, 知連上確係兵法, 又見《抱朴子》)

從孤擊虛, 萬人無餘, 一女子當百丈夫.(《抱朴子》引《太公兵法》. 又相傳古《遁甲書》引此作《黃石子》. 足見《黃石公記》之果出《太公兵法》也.) 風鳴葉者, 賊在十里. 鳴條者, 百里. 搖枝者, 四百里. 金器自鳴及焦器鳴者, 軍疲也. 氣如驚鹿, 敗軍氣也.(同上. 上言風角, 下言雲祲.)

大師吹律合聲, 商則戰勝, 軍士强. 角則軍擾多變, 失士心. 宮則軍和, 士卒同心. 徵則將急數怒, 失士心. 羽則軍弱, 少威明.(鄭康成《周禮·春官》注引兵書. 按隋以前人引《太公兵法》或曰兵書,《正義》以爲武王出兵之書.)

第五篇

國不可以從外治, 將不可以從中御.(《通典》引《太公》. 今《六弢·立將篇》襲此二語以爲將答君之詞, 賈林《孫子注》沿其誤.)

神農之敎曰:「雖有石城千仞, 湯池百步, 帶甲百萬, 無粟弗能守也.」(鼂錯引. 案應劭《風俗通》述《孫子》云:「金城湯池而無粟者, 太公墨翟弗能守之.」則知此爲《太公書》所有. 唐員半千亦引作《軍志》,《群書治要》所引〈虎弢〉亦述神農之禁也.)

國柄借人, 則失其威.(今本《六弢·守土篇》作「無借人國柄, 借人國柄則失其權.」)淵乎無端, 孰知其源.(下爲「涓涓不塞」六句) 天下非一人天下, 天下之天下也. 取天下者, 若逐野鹿而天下共分其肉.(同上引. 下五句今本〈武弢〉襲改之)

昔柏皇氏·粟陸氏·驪連氏·軒轅氏·赫胥氏·尊盧氏·祝融氏, 此古之王者也, 未使民民化, 未賞民民勸, 此皆古之善爲政者也. 至於伏羲氏·神農氏敎化而不誅, 黃帝·堯·舜誅而不怒.(《御覽》76引《六弢》.《意林》引後四句作「太公曰: 伏羲·神農敎而不誅」云云.)

聖人恭天靜地, 和神敬鬼.(《意林》)

文王在岐, 召太公曰:「吾地小奈何?」

太公曰:「天下有粟, 賢者食之. 天下有民, 賢者收之. 屈一人下, 伸萬人上, 惟聖人能行之.」(《文選》注引作「屈一.」)

文王曰:「君務舉賢, 不獲其功. 何也?」

太公曰:「舉而不用, 是有求賢之名, 而無用賢之實也.」

文王曰:「舉賢若何?」

太公曰:「按賢察名, 選才考能, 名實俱得之也.」(《意林》引《六弢》作六卷, 今本《六弢》本之衍爲〈舉賢篇〉.)

文王曰:「國君失民者何也?」

太公曰:「不愼所與也. 君有六守·三寶. 六守者, 仁義忠信勇謀; 三寶者, 農工商. 六守長則君安, 三寶完則國昌.」(同上引. 今本《六弢》衍之爲〈六守篇〉.)

崇侯虎曰:「今周伯昌懷仁而善謀. 冠雖敝, 禮加于首; 履雖新, 法以踐地. 可及其未成而圖之.(《御覽》697引《六弢》) 軍中之事, 不聞君命,(《意林》) 皆由將出. 臨敵決戰, 無有二心.」(今《六弢·立將篇》連上引.)

武王問太公曰:「吾欲令三軍親其將如父母, 攻城則爭先登, 野戰則爭先赴, 聞金聲而怒, 聞鼓聲而喜, 可乎?」

太公曰:「作將, 冬日不服裘, 夏日不操扇. 天雨不張蓋幔, 出隘塞, 過泥塗, 將先下步. 士卒皆定, 將乃就舍. 炊者皆飽, 將乃敢食. 軍未擧火, 將不食. 士非好死而樂傷, 其將知飢寒勞苦也.」(《意林》引)

用兵之害, 猶豫最大.(《吳子》引之) 赴之若驚, 用之若狂. 當之者破, 近之者亡. 使如疾雷不暇掩耳也.(同上引. 按今本《六弢·軍勢篇》文義近古, 多見稱引, 此蓋括其一二精語.)

貧窮忿怒, 欲決其志者, 名曰必死之士; 辯言巧辭, 善毁善譽者, 名曰間諜飛言之士.(同上引. 今本〈練士篇〉取一置一雜人贅壻云云, 乃秦漢人語也.) 賞如高山, 罰如深溪.(《文選·王仲宣從軍詩》注引《六弢》.)

太公謂武王曰:「夫人皆有性, 趨舍不同, 喜怒不等.」(《文選·盧子諒贈劉琨詩》注引.)

太公謂武王曰:「聖人興兵, 爲天下除患去賊, 非利之也. 故役不再籍, (孫子引) 一擧而得.」(《文選》43書注引.)

武王問太公曰:「殷已亡其三人, 今可伐乎?」

太公曰:「臣聞之, 知天者, 不怨天; 知己者, 不怨人. 先謀後事者昌, 先事後謀者亡. 且天與不取, 反受其咎; 時至不行, 反受其殃. 非時而生, 是爲妄成. 故夏條可結, 冬冰可釋. 時難得而易失也.」(《意林》引《太公金匱》云二卷.)

武王問太公曰:「今民吏未安, 賢者未定, 何以安之?」

太公曰:「不須兵器, 可以守國. 耒耜是其弓弩, 鉏杷是其矛戟, 簦笠是其兜鍪, 鑺斧是其攻具.」(《御覽》316引《太公金匱》. 今本《六弢》本此衍爲〈農器篇〉.)

武王伐殷, 出于河. 呂尙爲右, 將以四十七艘舫踰于河.(《文選·王仲宣從軍詩》注引.)

武王東伐至于河上，雨甚雷疾．周公旦進曰：「天不祐周矣，意者吾君德行未備，百姓疾怨邪？故天降吾災．請還師．」

太公曰：「不可．」

武王與周公旦望紂，紂陳引軍止之．

太公曰：「君何不弛也？」

周公曰：「天時不順，龜燋不兆，占筮不吉，妖而不祥，星變又凶．固且待之，何可驅也？」（王逸《楚詞》注引《六弢》．）

武王問太公曰：「欲興兵深謀，進必斬敵，退必克全，其略云何？」

太公曰：「主以禮使將，將以忠受命．國有難，君召將而詔曰：‘見其虛則進，見其實則避．勿以三軍爲貴而輕敵，勿以授命爲重而苟進．勿以貴而賤人，勿以獨見而違衆，勿以辯士爲必然．勿以謀簡於人，勿以謀後於人．士未坐，勿坐；士未食，勿食．寒暑必同，敵可勝也．’」（同上引〈犬弢〉．今本〈龍弢·立將篇〉襲之．）

周初武王問太公曰：「敵人先至，已據便地，形勢又强，則如之何？」

對曰：「當示怯弱，設伏佯走，自投死地．敵見之，必疾速而赴，擾亂失次，必離故所．□入我，（此下有缺文或是疊下一伏字）伏兵齊起，急擊前後，衝其兩旁．」（《通典》153．）

天下攘攘，皆爲利往；天下熙熙，皆爲利來．（《御覽》引《六弢》．）

容容熙熙，皆爲利謀；熙熙攘攘，皆爲利往．（同上引《周書》．）

車騎之將，軍馬不具，鞍勒不備者誅．（《御覽》引《六弢》．）

太公誓師，後至者斬．（《御覽》引《桓範要義》．《史記·司馬穰苴列傳》軍法約期而後至者斬．當本之太公）

太公曰：「凡興師動衆陳兵，天必見其雲氣，示之以安危，故勝敗可逆知也．」（《通典》引）

武王問太公曰：「貧富豈有命乎？」

太公曰：「爲之不密．密而不富者，盜在其室．」

武王曰：「何謂盜也？」

公曰:「計之不熟, 一盜也. 收種不時, 二盜也. 取婦無能, 三盜也. 養女太多,(謂資贈多) 四盜也. 棄事就酒, 五盜也. 衣服過度, 六盜也. 封藏不謹, 七盜也. 井灶不利, 八盜也. 舉息就禮, 九盜也. 無事然鐙, 十盜也. 如取之, 安得富哉?」

武王曰:「善.」(《御覽》485引)

武王平殷, 還問太公曰:「今民吏未安, 賢者未定, 何以安之?」

太公曰:「無故無新, 如天如地.」(《御覽》327引《六弢》)

得殷之財, 與殷之民. 共之則商得其賈, 農得其田也. 一目視則不明, 一耳聽則不聰, 一足步則不行. 選賢自代, 上下各得其所.(同上引)

武王問太公曰:「天下精神甚衆, 恐後復有試余者也, 何以待之?」

師尚父曰:「請樹槐於王門內, 王路之石, 起面社, 築垣牆, 祭以酒脯, 食以犧牲, 尊之曰'社客'. 有非常, 先與之語, 客有益者, 人無益者. 距歲告以水旱, 與其風雨澤流, 悉行除民所苦.」(《御覽》532引《太公金匱》)

武王勝殷, 召太公問曰:「今殷民不安其處, 奈何使天下安乎?」

太公曰:「夫民之所利, 譬之如冬日之陽, 夏日之陰. 冬日之從陽, 夏日之從陰, 不召自來. 故生民之道, 先定其所利而民自至. 民有三幾, 不可數動, 動之有凶. 明賞則不足, 不足則民怨生. 明罰則民懾畏, 民懾畏則變故出. 明察則民擾, 民擾則不安其處, 易以成變. 故明王之民, 不知所好, 不知所惡, 不知所從, 不知所去, 使民各安其所生而天下靜矣. 樂哉, 聖人與天下之人, 皆安樂也.」

武王曰:「爲之奈何?」

太公曰:「聖人守無窮之府, 用無窮之財, 而天下仰之. 天下仰之而天下治矣. 神農之禁春夏之所生, 不傷不害, 謹修地利, 以成萬物. 無奪民之所利, 而農順其時矣. 任賢使能而官有材, 而賢者歸之矣. 故賞在於成民之生, 罰在於使人無罪. 是以賞罰施民而天下化矣.(《群書治要》引《六弢·虎弢》) 夫殺一人而三軍不聞, 殺一人而民不知, 殺一人而千萬人不怨, 雖多殺之, 其將不重. 封一人而三軍不悅, 爵一人而萬人不勸, 賞一人而萬人不欣, 是爲賞無功, 責無能也. 若此則三軍不爲使, 是失衆之紀也.(同上引〈武弢〉)

第六篇

安徐而靜, 柔節先定. 善興而不爭, 虛心平志, 待物以正.(今本〈文弨〉)

武王問太公曰:「兵道何如?」

太公曰:「凡兵之道, 莫過乎一. 一者, 能獨往獨來. 黃帝曰:『一者階於道, 機於神. 用之在於機, 顯之在於勢, 成之在於君.』故聖王號兵爲凶器, 不得已而用之.」

武王曰:「兩軍相遇, 彼不可來, 此不可往, 各設固備, 未敢先發. 我欲襲之, 不得其利, 爲之奈何?」

太公曰:「外亂而內整, 示飢而實飽, 內精而外鈍. 一合一離, 一聚一散. 陰其謀, 密其機, 高其壘, 伏其銳, 士寂若無聲, 敵不知我所備. 欲其西, 襲其東.」

武王曰:「敵知我情, 通我謀, 爲之奈何?」

太公曰:「兵勝之術, 密察敵人之機, 而速乘其利, 復疾擊其不意.」(連上並今本〈文弨‧兵道篇〉)

天道無殃, 不可先倡. 人道無災, 不可先謀.

全勝不鬪, 大兵無創.

鷙鳥將擊, 卑飛斂翼. 猛獸將搏, 弭耳俯伏. 聖人將動, 必有愚色. 凡謀之道, 周密爲寶.(連上在今本〈武弨〉)

兵不兩勝, 亦不兩敗. 兵出踰境, 期不十日, 不有亡國, 必有破軍殺將. 疑志不可以應敵.(孟氏《孫子》注引)

將以誅大爲威, 以賞小爲明, 以罰審爲禁止而令行. 故殺一人而三軍震者殺之, 賞一人而萬民悅者賞之.(連上並今本〈龍弨〉)

武王問太公曰:「功伐之道奈何?」

太公曰:「勢因於敵家之動, 變生於兩陳之間, 奇正發於無窮之源.(孟氏《孫子注》引) 故至事不語, 用兵不言. 且事之至者, 其言不足聽也. 兵之用者, 其狀不定見也. 倏而往, 忽而來. 能獨專而不制者, 兵也. 聞則議, 見則圖, 知則困, 辯則危. 故善戰者, 不待張軍. 善除患者, 理於未生. 勝敵者, 勝於無形. 上戰無與戰, 故爭勝於白刃之前者, 非良將也. 設備於已失之後者, 非上聖也.

智與衆同, 非國師也. 技與衆同, 非國工也. 事莫大於必克, 用莫大於玄黙.
動莫大於不意, 謀莫大於不識. 夫先勝者, 先見弱於敵, 而後戰者也. 故士
(古通事)半而功倍焉. 聖人徵於天地之動, 熟知其紀. 循陰陽之道, 而從其候.
當天地盈縮, 因以爲常. 物有死生, 因天地之形. 故曰: 未見形而戰, 雖衆必敗.
善戰者, 居之不撓, 見勝則起, 不勝則止. 故曰: 無恐懼, 無猶豫. 用兵之害,
猶豫最大. 三軍之災, 莫過孤疑. 善戰者, 見利不失, 遇視不疑. 失利後時,
反受其殃. 故智者從之而不失, 巧者一決而不猶豫. 是以疾雷不及掩耳,
迅電不及瞑目. 赴之若驚, 用之若狂. 當之者破, 近之者亡. 孰能禦之? 夫將
有所不言而守者, 神也. 有所不見而視者, 明也. 故知神明之道者, 野無橫敵,
對無立國.」

武王曰: 「善哉.」(今本《六韜·軍勢篇》)

夫兩陳之間, 出甲陳兵, 縱卒亂行者, 所以爲變也.(今本〈龍弢〉)

武王問太公曰: 「律音之聲, 可以知三軍之消息, 勝負之決乎?」

太公曰: 「深哉! 王之問也. 夫律管十二, 其要有五音, 宮·商·角·徵·羽,
此眞正聲也, 萬代不易. 五行之神, 道之常也, 金·木·水·火·土, 各以其勝
攻也. 古者三皇之世, 虛無之情, 以制剛强, 無有文字, 皆由五行. 五行之道,
天地自然, 六甲之分, 微妙之神. 其法: 以天淸淨, 無陰雲風雨, 夜半, 遣輕騎
往至敵人之壘, 去九百步外, 徧持律管當耳, 大呼驚之, 有聲應管, 其來甚微.
角聲應管, 當以白虎; 徵聲應管, 當以玄武; 商聲應管, 當以朱雀; 羽聲應管,
當以勾陳; 五管聲盡不應者宮也, 當以靑龍. 此五行之符, 佐勝之徵, 成敗之機」

武王曰: 「何以知之?」

太公曰: 「敵人驚動則聽之: 聞枹鼓之音者, 角也; 見火光者, 徵也; 聞金
鐵矛戟之音者, 商也; 聞人嘯呼之音者, 羽也; 寂寞無聲者, 宮也. 此五音者,
聲色之符也.」(今本《六弢·五音篇》)

武王問太公曰: 「吾欲未戰先知敵人之强弱, 預見勝負之徵, 爲之奈何?」

太公曰:「勝負之徵, 精神先見, 明將察之, 其效在人. 謹候敵人出入進退, 察其動靜, 言語妖祥, 士卒所告. 凡三軍悅懌, 士卒畏法, 敬其將命, 相喜以破敵, 相陳以勇猛, 相賢以威武, 此强徵也. 三軍數驚, 士卒不齊, 相恐以强敵, 相語以不利, 耳目相屬, 妖言不止, 衆口相惑, 不畏法令, 不重其將, 此弱徵也. 三軍齊整, 陳勢以固, 深溝高壘, 又有大風甚雨之利, 三軍無故, 旌旗前指, 金鐸之聲揚以淸, 鼙鼓之聲宛以鳴, 此得神明之助, 大勝之徵也. 行陳不固, 旌旗亂而相遶, 逆大風甚雨之利, 士卒恐懼, 氣絶而不屬, 戎馬驚奔, 兵車折軸, 金鐸之聲下以濁, 鼙鼓之聲濕, 此大敗之徵也. 凡攻城圍邑, 城之氣色如死灰, 城可屠; 城之氣出而北, 城可克; 城之氣出而西, 城可降; 城之氣出而南, 城不可拔; 城之氣出而東, 城不可攻; 城之氣出而復入, 城主逃北; 城之氣出而覆我軍之上, 軍必病; 城之氣出高而無所止, 用兵長久. 凡攻城圍邑, 過旬不雷不雨, 必亟去之, 城必有大輔. 比所以知可攻而攻, 不可攻而止..」

武王曰:「善哉!」(今本《六弢》兵徵篇)

刀子之神, 名曰脫光. 箭之神, 名續長. 弩之神, 名遠望.(《藝文類聚》60引《太公兵法》)

第七篇

柔能制剛, 弱能制強. 柔者, 德也. 剛者, 賊也. 弱者, 人之助也. 強者, 怨之歸也. 故曰:「有德之君, 以所樂樂人; 無德之君, 以所樂樂身. 樂人者, 其樂長; 樂身者, 不久而亡. 舍近謀遠者, 勞而無功. 舍遠謀近者, 逸而有終. 逸政多忠臣, 勞政多亂人.」故曰:「務廣地者荒, 務廣德者強. 有其有者安, 貪人有者殘. 殘滅之政, 雖成必敗.」(《後漢書》光武帝詔引《黃石公記》. 按〈留侯傳〉明云黃石老人所授乃《太公兵法》, 此作《黃石公記》, 蓋新莽時所易之名也.) 當斷不斷, 反受其亂.(《後漢·楊倫傳》引之云「黃石所誡」.《史記》以爲道家之言.)

臣與主同者亡.(《後漢書·袁紹傳》)

軍無財, 士不來. 軍無賞, 士不往. (四句亦見〈袁紹傳〉) 故良餌之下有懸魚, 重賞之下有勇夫.(《藝文類聚》引之作《軍讖》, 凡今本《三略》所引《軍讖》多出《黃石公記》中)

得道者昌, 失道者亡.(賈林《孫子》注引《黃石公》, 又張豫《孫子》注引作《太公語》. 道作「士」) 動爲事機, 舒之彌四海, 卷之不盈懷. 柔而能剛, 則其國彌光. 弱而能強, 則其國彌章. 一簞之醪, 投之於河, 令士衆迎飲, 三軍爲其死. 戰如風發, 攻如河決.(《御覽》引《黃石公記》. 僞《三略》引之作《軍讖》)

慮若源泉, 深不可測.(《文選·關中詩》注引《黃石公記》敘) 將所以爲威者, 號令也. 戰所以全勝者, 軍正也. 士所以輕戰者, 用兵也. 故戰如風發, 勇如河決. 衆可望而不可當, 可下而不可勝也.(《御覽》271一引《黃石公記》)

使商人爲前兵者, 象白虎陳. 使羽人爲前兵者, 象玄武陳. 使徵人爲前兵者, 象朱雀陳. 使角人爲前兵者, 象青龍陳. 亦曰旬始陳.(引同上. 此卽《說苑》引兵法所謂「分爲五選, 異其旗章, 勿使冒亂」之事) 彼以直陳來者, 我以方陳應之. 方來, 銳應之. 銳來, 曲應之. 曲來, 圓應之. 圓來, 直應之. 直木, 方金, 銳火, 曲水, 圓土也, 各以能克者應勝之.(引同上. 按《通志略》又有《黃石公五壘》之圖.)

Ⅳ. 《素書》 ····················· 宋, 張商英 (注)

序

　黃石公《素書》六篇, 按前漢〈列傳〉, 黃石公圯橋所授子房素書, 世人多以《三略》爲是, 蓋傳之者誤也. 晉亂, 有盜發子房塚, 於玉枕中獲此書, 凡一千三百三十六言. 上有秘戒, 不許傳於不道, 不神, 不聖, 不賢之人. 若非其人, 必受基殃, 得人不傳, 亦受其殃. 嗚呼! 其愼重如此. 黃石公得子房而傳之, 子房不得其傳而葬之. 後五百餘年而盜獲之, 自是《素書》始傳於人間. 然其傳者特黃石公之言耳, 而公之意其可以言盡哉?

　余竊嘗評之: 天人之道, 未嘗不相爲用, 古之聖賢皆盡心焉. 堯欽若昊天, 舜劑七政, 禹敍九疇, 傳說陳天道, 文王重八卦, 周公說天地四時之官, 又立三公以燮理陰陽, 孔子欲無言, 老聃建之以常無有.《陰符經》曰:「宇宙在乎手, 萬物生乎身.」道至於此, 則鬼神變化皆不能逃吾之術, 而況於刑名度數之間者歟? 黃石公, 秦之隱君子也, 其書簡, 其意深, 雖堯·舜·禹·文·傳說·周公·孔·老亦無以出此矣.

　然則黃石公知秦之將亡, 漢之將興, 故以此書授子房, 而子房豈能盡知其書哉? 凡子房之所以爲子房者, 僅能用其一二耳. 書曰:「陰計外泄者敗.」子房用之, 嘗勸高帝王韓信矣. 書曰:「小怨不赦, 大怨必生.」子房用之, 嘗勸高帝侯雍齒矣. 書曰:「決策於不仁者險.」子房用之, 嘗勸高帝罷封六國矣. 書曰:「設變致權, 所以解決.」子房用之, 嘗致四皓而立惠帝矣. 書曰:「吉莫吉於知足.」子房用之, 嘗擇留自封矣. 書曰:「絕嗜禁慾, 所以除累.」子房用之, 嘗棄人間事從赤松子遊矣.

　嗟乎! 遺粕棄滓猶足以亡秦項帝沛公, 況純而用之, 深而造之者乎? 自漢以來, 章句文辭之學識而知道之士極少. 如諸葛亮·王猛·房喬·裴度等輩, 雖號爲一時賢相, 至於先王大道, 曾未足以知彷彿, 此書所以不傳於不道·不神·不聖·不賢之人也. 離有離無之謂刀, 非有非無之謂神, 有而無之之謂聖, 無而有之之謂賢, 非此四者, 雖句誦此書, 亦不能身行之矣. 宋張商英天覺撰.

〈1〉 原始章(第一) : 言道不可以無始

夫道德仁義禮, 五者一體也.(離而用之, 則有五. 合而渾之, 則爲一. 一所以貫五, 五所以衍一.)

道者人之所蹈, 使萬物不知其所由.(道之衣被萬物廣矣大矣, 一動息, 一語黙, 一出處, 一飮食, 大而八紘之表, 小而芒芥之內, 何適而非道也. 仁不足以名, 故仁者見之謂之仁, 智不足以盡, 故智者見之謂之智; 百姓不足以見, 故日用而不知也.)

德者人之所得, 使萬物各得其所欲.(有求之爲欲, 欲而不得, 非德之至也. 求於規距者, 得方圓而已矣. 求於權衡者, 得輕重而已矣. 求於德者, 無所欲而不得. 君臣父子得之以爲君臣父子, 昆蟲草木得之所爲昆蟲草木. 大得以成大, 小得以成小. 邇之一身, 遠之萬物, 無所欲而不得也.)

仁者人之所親, 有慈惠惻隱之心以遂其生成.(仁之爲體如天, 天無不覆; 如海, 海無不容; 如雨露, 雨露無不潤. 慈惠惻隱, 所以用仁者也. 非親於天下而天下自親之. 無一部不獲其所, 無一物不獲其生.《書》曰:「鳥獸魚鼈咸若.」《詩》曰:「敦彼行葦, 牛羊勿踐履.」其仁至之也.)

義者人之所宜, 賞善罰惡以立功立事.(理之所在謂之義, 順理而決斷, 所以行義. 賞善罰惡, 義之理也. 立功立事, 義之斷也.)

禮者, 人之所履, 夙興夜寐, 以成人倫之序.(禮, 理也. 朝夕之所履踐而不失其序者, 皆禮也. 視聽, 造次必於是, 放僻邪侈從何而生乎?)

未欲爲人之本, 不可無一焉.(老子曰:「失道而後德, 失德而後仁, 失仁而後義, 失義而後禮.」失者, 散也. 道散而爲德, 德散而爲仁, 仁散而爲義. 義散而爲禮. 吾者未嘗不相爲用, 而要其不散者, 道妙而已. 老子言其體, 故曰:「禮者, 忠信之薄而亂之首.」黃石公言其用, 故曰:「不可無一焉.」)

賢人君子明於盛衰之道, 通乎成敗之數, 審乎治亂之勢, 達乎法就之理.(盛衰有道, 成敗有數, 治亂有勢, 去就有理.)

故潛居抱道, 以待其時.(道猶舟也, 時猶水也. 有舟楫之理, 而無江河, 亦莫見利涉也.)

若時至而行, 則能極人君之位. 得機而動, 則能成絕代之功. 如其不遇, 沒身而已.(養之有素, 及時而動, 機不用髮, 豈容擬議者哉?)

是以其道足高而明重於後代.(道高則明隨於後而重矣.)

〈2〉 正道章(第二) : 言道不可以非正

德足以懷遠,(懷者中心悅而誠服之謂也.) 信足以一異, 義足以得衆,(有行有爲而衆人宜之, 則得乎衆人矣.) 才足以鑒古, 明足以照下, 此人之俊也. 行足以爲儀表, 智足以決嫌疑,(嫌疑之除, 非智不決.) 信可以使守約, 廉可以使分財, 此人之豪也. 守職而不廢.(孔子爲委吏乘田之職是也.) 處義而不回,(迫於利害之際而確然守義者, 此不回也.) 見嫌而不苟免.(周公不嫌於居攝, 召公則有所嫌也. 孔子不嫌於見南子, 子路則有所嫌也, 居嫌而不苟免, 其惟之明乎!)

見利而不苟得, 此人之傑也.(俊者峻於人, 豪者高於人, 傑者桀於人. 有德・有信・有義・有才・有明者, 俊之事也. 有行・有智・有信・有廉者, 豪之事也. 至於傑則才行不足以明之矣. 然傑勝於豪, 豪勝於俊也.)

〈3〉求人之志章(第三) : 言志不可以妄求

絶嗜禁欲, 所以除累.(人性淸靜, 木無係累, 嗜欲所牽, 捨己逐物.)

抑非無惡, 所以攘過.(攘猶祈攘而去之也, 非至於無抑, 惡至於無損, 過可以無攘矣.)

貶酒闕色, 所以無汚.(色敗精, 精耗則害神. 酒敗神, 神傷則害精.)

避嫌遠疑, 所以不誤.(於跡無嫌, 於心無疑, 事乃不誤爾.)

博學絶問, 所以廣知.(有聖賢之質以不廣之以學問, 弗勉故也.)

高行微言, 所以修身.(行欲高而不屈, 言欲微而不彰.)

恭儉謙約, 所以自修. 深計遠慮, 所以不窮.(管仲之計, 可謂能九合諸侯矣, 而窮於王道. 商鞅之計, 可謂能强國矣, 而窮於仁義. 弘羊之計, 可謂能聚財矣, 而窮於養民, 凡有窮者, 俱非計也.)

親仁友直, 所以扶顚.(聞譽而喜者, 不可以友直.)

近如篤行, 所以接人.(極高明而道中庸, 聖賢之所以接人也. 高明者, 聖賢之所獨. 中庸者, 衆人之所同也.)

任材使能, 所以濟務.(應變之謂材, 可用之謂能. 材者任之而不可使; 能者俊之而不可任, 此用人之術也.)

癉惡斥讒, 所以止亂.(讒吉惡行, 亂之根也.)

推古驗今, 所以不惑.(因古人之跡, 推古人之心, 以驗方今之事, 豈有惑哉?)

先揆後度, 所以應卒.(執一尺之度, 而天下之長短盡在是矣. 倉卒事物之來而應之無窮者, 揆度有數也.)

設變致權, 所以解結.(有正有變, 有權有經. 方其正, 有所不能行, 則變而歸之於正也, 方其經, 有所不能用, 則權而歸之於經也.)

括囊順會, 所以無咎.(君子語默以時, 出處以道, 括囊而不見其美, 順會而不發其機, 所以免咎.)

橛橛梗梗, 所以立功. 孜孜淑淑, 所以保終.(橛橛者, 有所恃而不可搖. 梗梗者, 有所立而不可搖. 孜孜者, 勤之又勸. 淑淑者, 善之又善. 立功莫如有守, 保終莫如無過也.)

〈4〉 本德宗道章(第四) : 言本宗不可以離道德

夫志心篤行之術, 長莫長於博謀.(謀之欲博.)

安莫安於忍辱.(至道曠夷, 何辱之有?)

先莫先於修德.(外以成物, 內以成己, 修德也.)

樂莫樂於好善, 神莫神於至誠.(無所不通之謂神, 人之神與天地參, 而不能神於天地者, 以其不至誠也.)

明莫明於體物.(記云: 淸明在躬, 志氣如神, 如是則萬物之來, 豈能逃吾之照乎?)

吉莫吉於之足.(知足之吉, 吉之又吉.)

苦莫苦於多願.(聖人之道, 泊然無欲. 其於物之, 來則應之, 去則已之, 未嘗有願也. 古之多願者, 莫如秦皇漢武, 國則願富, 兵則願强, 功則願高, 名則願貴, 宮室則願華麗, 姬嬪則願美豔, 四夷則願服, 神仙則願致. 然而國貧富, 兵愈弱, 功愈卑, 名愈鈍, 卒之於所求不獲, 而遺狼狽者, 多願之所苦也. 夫治國者固不可多願, 誌於賢人養身之方, 所守其可以不約乎?)

非莫非於精散.(道之所生之謂一, 純一之謂精, 精之所發之謂神. 其潛於無也, 則無生無死無陰無陽動無靜. 其含於神也, 則爲明爲哲爲知爲識. 血其之品, 無不稟受. 正用之則聚而不散, 邪用之則散而不聚. 目淫於色則精散於色矣, 耳淫於聲則精散於聲矣, 口淫於味則精散於味矣, 鼻淫於臭則精散於臭矣. 散之不己, 其能久乎?)

病莫病於無常.(天地之所以能長久者, 以其有常也. 人而無常, 不其病乎?)

短莫短於苟得.(以不義得之, 必以不義失之, 有苟得以能長也.)

幽莫幽於貪鄙.(以身徇物, 闇莫甚焉.)

孤莫孤於自恃.(桀紂自恃其才, 知伯自恃其強, 項羽自恃其勇, 高斧自恃其智, 盧杞自恃其狡. 自恃則其驕於外, 而善不入耳. 不聞善則孤而無助, 及其敗, 天下爭後而亡之.)

危莫危於任疑.(漢疑韓信而任之, 而信其叛. 唐疑李懷光而任之, 而懷光遂逆.)

敗莫敗於多私.(賞不以功, 罰不以罪, 喜佞惡直, 黨親遠疏, 小則結匹夫之怨, 大則激天下之怒, 此私之所敗也.)

〈5〉 道義章(第五)：言遵而行之者義也

以明示下者闇.(聖賢之道, 內明外晦, 惟不足於明者, 而明示下, 乃其所以闇也.)

有過不知者蔽.(聖人無過, 可知賢人之過迷形而悟. 有過不知, 其愚蔽甚矣.)

迷而不返者惑.(迷於酒者不知其伐吾性也, 迷於色資不知其伐吾命也, 迷於利者不知其伐吾志也. 人本無迷, 惑者自迷之矣.)

以言取怨者禍.(行而言之, 則機在我而禍在人; 言而不行, 則其在人而禍在我.)

今與心乖者廢.(心以出今, 今以行心.)

後今謬前者毀.(號今不一, 心無信而自毀素矣.)

怒而無威者犯.(文王不大聲以色, 四國畏之. 孔子曰: 不怒而民威於鐵鉞.)

好直辱人者殃.(己欲沽直名而置人於有過之地, 取殃之道也.)

戮辱所任者危.(人之云亡, 危亦隨之.)

慢其所敬者凶.(以長幼而言則齒也, 以朝廷而言則爵也, 以賢愚而言則德也, 三者皆可敬, 而外敬則齒也, 爵也, 內敬則德也.)

貌合心離者孤, 親讒遠忠者亡.(讒者善揣摩人主之意而中之, 忠者惟逆人主之過諫者. 合意者多悅, 逆意者多怒, 此子胥殺而吳亡, 屈原放而楚亡.)

近色遠賢者昏, 女謁公行者亂.(太平公主, 韋庶人之禍是也.)

私人以官者浮.(淺浮者不足勝名器, 如牛仙客爲宰相之類是也.)

浚下取勝者侵, 名不勝實者耗.(陸贄曰: 名近於虛, 於敎爲重. 利近於實, 於義爲輕. 然則實者所以致名, 名者所以符實, 則不耗匱矣.)

略己而責人者不治, 自厚而薄人者棄.(聖人常善求人而無棄人, 常善求物而無棄物. 自厚者自滿也, 比仲尼所爲躬自厚之厚也. 自厚而薄人, 則人將棄廢矣.)

以過棄功者損, 郡下外異者淪.(措置失宜, 郡情隔塞, 阿諛並進, 私徇並行, 人人異心, 求不淪亡, 不可得也.)

既用不任者疏.(用賢不任則士心, 此管仲所爲害霸也.)

行賞吝色者沮.(色有新吝, 有功者沮, 項羽之頭印是矣.)

多許少與者怨.(失其本望.)

既迎而拒者乖.(劉璋迎劉備, 而反拒之, 是也.)

薄施厚望者不報.(天地不仁, 以萬物爲芻拘. 聖人不仁, 以百姓爲芻拘, 覆之載之, 含之育之, 其責其報也.)

貴而亡賤者不久.(道足於其者, 貴賤不足以爲榮辱. 處貴則亡其賤, 此所以不久也.)

念舊怨而棄新功者凶.(切齒於睚,「目此」之怨, 眷眷於一飯之思者, 匹夫
之量. 其才也. 雖怨必錄, 以其功也. 漢高祖候雍齒, 錄功也. 唐太宗相魏
鄭公, 用才也.)

用人不得正者殆, 彊用人者不畜.(曹操彊用關羽而終而歸劉備, 此不畜也.)

失其所彊者弱.(有以德彊者, 有以人彊者, 有以勢彊者, 有以兵彊者. 堯舜有
德而彊, 桀紂無德而弱, 湯武得人而彊, 幽厲失人而弱. 周得諸侯之勢而彊,
失諸侯之勢而弱. 唐得府兵而彊, 失府兵而弱. 其於人也, 善爲彊, 惡爲弱.
其於身也, 性爲彊, 情爲弱.)

結束於不人者險.(不仁之人, 幸災樂禍.)

陰計外泄者敗. 厚斂薄施者凋.(凋, 削也. 文中子曰, 多斂之國, 其財必削.)

戰士貧游士富者衰.(游士鼓其頰舌, 惟幸煙塵之會. 戰士奮其死力, 專捍
彊場之慮. 富彼貧此, 兵勢衰矣.)

貨賂公行者昧.(私昧公, 曲昧直也.)

聞善忽略, 其過不忘者暴.(暴則生怨.)

所任不可信, 所信不可任者濁.(濁, 溷也.)

牧人以德者集, 繩人以刑者散.(刑者怨於道德之意而恕在其中, 是以先王
以刑輔德而非專用刑者也. 故曰牧之以德則集, 繩之以刑則散.)

小功不賞則大功不立, 小怨不赦則大怨必生. 賞不服人, 罰不甘心者叛. (人心不服則叛也.)

賞及無功, 罰及無罪者酷.(非所宜加者酷.)

廳讒而美, 聞諫而仇者亡. 能有其有者安, 貪人之有者殘.(有吾之有則心逸而身安.)

〈6〉 安禮章(第六) : 言安而履之之謂禮

怨在不捨小過, 患在不豫定謨. 福在積善, 禍在積惡.(善積則致於福, 惡積則致於禍. 無善無惡, 則亦無福無禍.)

飢在賤農, 寒在惰織. 安在得人, 危在失事. 富在迎來, 貧在棄時.(唐堯之節儉, 李悝之盡地利, 越王句踐之十年生聚, 漢之平準, 皆所以迎來之術也.)

上無常躁, 下無疑心.(躁動無常, 喜怒不節, 群情猜疑, 莫能自安.)

輕上生罪, 侮下無親.(輕上無禮, 侮下無恩.)

近臣不重, 遠臣輕之.(淮南王言: 去平準侯如發蒙耳.)

自疑不信人.(暗也.)

自信不疑人.(明也.)

枉士無正友.(李逢吉之友, 則八十六子之徒是也.)

曲上無直下.(元帝之臣, 則弘恭・石顯, 是也.)

危國無賢人, 亂政無善人.(非無賢人善人, 不能用故也.)

愛人深者求賢急, 樂得賢者養人厚.(人不能者愛, 待賢而養之. 人不能者養, 待賢而養之.)

國將霸者士皆歸.(趙殺鳴犢, 故夫子臨河而返.)

邦將亡者賢先避.(微子去商, 仲尼去魯, 是也.)

地薄者大物不産, 水淺者大魚不遊, 樹禿者大禽不樓, 林疏者大獸不居.
(此四者, 以明人之淺則無道德, 國之淺則無忠賢也.)

山峭者崩, 澤滿者溢.(此二者, 明過高過滿之戒也.)

棄玉取石者盲.(有目與無目者同.)

羊質虎被資辱.(有表無裏與無表同.)

衣不擧領者倒.(當上而下.)

走不視地者顚.(當下而上.)

株弱者屋壞, 輔弱者國傾.(才不勝任謂之弱.)

足寒傷心, 人怨傷國.(夫沖和之氣, 生於足而流於四肢, 而心爲之君. 氣和
則天君樂, 氣乖則天君傷矣.)

山將崩者下先隳, 國將衰者人先弊.(自古及今, 生齒富庶, 人民康樂而國
衰者未之有也.)

根枯枝朽, 人困國殘.(長城之役興而秦殘, 汴渠之役興而隋殘.)

與覆車同軌者傾, 與亡國同事者滅.(漢武欲爲秦皇之事, 幾之於傾, 而能
有終者, 末年哀痛者悔也. 紂以女色亡, 而幽王之褒姒同之. 漢以閹宦亡而
唐之中尉同之.)

見已生者愼將生, 惡其跡者須避之.(已生者見而去之也, 將生者愼而弛
之也. 惡其跡者, 急履而惡路, 不若廢履而無行. 妄動而惡知, 不若絀心而無動.)

畏危者安, 畏亡者存. 夫人之所行有道則吉, 無道則凶. 吉者百福所歸,
凶者百禍所攻. 非其神聖, 自然所鍾.(有道者非以求福, 而福自歸之. 無道者
畏禍愈甚, 而禍愈攻之, 豈有神聖爲之主宰? 乃自然之理也.)

務善策者無惡事, 無遠慮者有近憂. 同志相得.(舜則八元八凱, 湯則伊尹,
孔子則顔回是也.)

同惡相黨.(商紂之徒億萬, 蹠之徒九千是也.)

同愛相求.(愛財聚斂之士求之, 愛武則談兵之士求之, 愛勇則樂傷之士
求之, 愛仙則方術之士求之. 愛符瑞則矯誣之士求之. 凡有愛者, 皆情之偏,
性之蔽也.)

同美相妬.(女則武后, 韋庶人, 蕭良娣是也, 男則趙高, 李斯是也.)

同志相謀.(劉備·曹操·翟讓·李密, 是也.)

同貴相害.(勢相軋也.)

同利相忌.(害相刑也.)

同聲相應, 同氣相感.(五行五氣五聲, 散於萬物, 自然相感應也.)

同類相依, 同義相親, 同難相濟.(六國合縱而拒秦, 諸葛通吳以敵魏, 非有
仁義存焉, 特同難耳.)

同道相成.(漢承秦後, 海內凋弊, 蕭何以清靜函養之, 何將亡, 念諸將俱喜功好動, 不足以知治道, 時曹參在齊, 嘗治蓋公黃老之術, 不務生事, 故引參以代相.)

同藝相規.(李醯之賊扁鵲, 逢蒙之惡后羿是也, 規者, 非之也.)

同巧相勝.(公輪子九攻, 墨子九拒是也.)

此乃數之所得, 不可與理違.(自同志下皆所可預知, 智者知其如此, 順理則行之, 逆理則違之.)

釋己而教人者逆, 正己而化人者順.(教者以言, 化者以道. 老子曰:「法令滋彰, 盜賊多有.」教之逆者也.「我無爲而民自化, 我無欲而民自朴.」化之順者也.)

逆者難從, 順者易行. 難從則亂, 易行則理.(天地之道, 簡易而已. 聖人之道, 簡逆而已. 順日月而晝夜之, 順陰陽而生殺之, 順山川而高下之, 此天地之簡易也. 順夷狄而外之, 順中國而內之, 順君子而爵之, 順小人而役之, 順善惡而賞罰之, 順九土之宜而賊斂之, 順人倫而尊之, 此聖人之簡易也. 夫烏獲非不力也, 執牛之尾而使之卻行, 則終日不能步尋丈. 及以環桑之貫其鼻, 三尺之絢繫其頸, 童子服之, 風於大澤, 無所不至者, 勢順也.)

如此理身, 理家, 理國可也.(小大不同, 其理則一.)

諸葛亮 초기 거주지 (지금의 湖北 襄陽)

임동석(茁浦 林東錫)

慶北 榮州 上茁에서 출생. 忠北 丹陽 德尙골에서 성장. 丹陽初中 졸업. 京東高 서울
敎大 國際大 建國大 대학원 졸업. 雨田 辛鎬烈 선생에게 漢學 배움. 臺灣 國立臺灣師
範大學 國文硏究所(大學院) 博士班 졸업. 中華民國 國家文學博士(1983). 建國大學校
敎授. 文科大學長 역임. 成均館大 延世大 高麗大 外國語大 서울대 등 大學院 강의.
韓國中國言語學會 中國語文學硏究會 韓國中語中文學會 會長 역임. 저서에《朝鮮譯
學考》(中文)《中國學術槪論》《中韓對比論文論》. 편역서에《수레를 밀기 위해 내린
사람들》《栗谷先生詩文選》. 역서에《漢語音韻學講義》《廣開土王碑硏究》《東北民族
源流》《龍鳳文化源流》《論語心得》〈漢語雙聲疊韻硏究〉등 학술 논문 50여 편.

임동석중국사상100

삼략 三略

黃石公 撰 / 林東錫 譯註
1판 1쇄 발행/2009년 12월 12일
2쇄 발행/2013년 10월 10일
발행인 고정일
발행처 동서문화사
창업 1956. 12. 12. 등록 16-3799
서울강남구신사동563-10 ☎546-0331~6 (FAX)545-0331
www.dongsuhbook.com
잘못 만들어진 책은 바꾸어 드립니다.

*

*
사업자등록번호 211-87-75330
ISBN 978-89-497-0611-5 04080
ISBN 978-89-497-0542-2 (세트)